HISTORIA COMPLETA DE LA

MAFIA

HISTORIA COMPLETA DE LA

MAFIA

Jo Durden Smith

Grupo Editorial Tomo, S.A. de C.V.
Nicolás San Juan 1043,
03100, México, D.F.

1a. edición, agosto 2013.

© A Complete History of the Mafia
   Jo Durden Smith
   Copyright © 2003 Arcturus Publishing Limited
   26/27 Bickels Yard, 151-153 Bermondsey Street,
   London SE1 3HA

© 2013, Grupo Editorial Tomo, S.A. de C.V.
   Nicolás San Juan 1043, Col. Del Valle
   03100 México, D.F.
   Tels. 5575-6615, 5575-8701 y 5575-0186
   Fax. 5575-6695
   http://www.grupotomo.com.mx
   ISBN-13: 978-607-415-536-5
   Miembro de la Cámara Nacional
   de la Industria Editorial No 2961

Traducción: Francisco Emrick V.
Diseño de portada: Karla Silva
Formación tipográfica: Armando Hernández.
Corrector de primeras pruebas: Marco A. Garibay
Corrector de primeras pruebas: Kaarina Vejar A.
Supervisor de producción: Leonardo Figueroa

Este libro se publicó conforme al contrato establecido entre
Arcturus Publishing Limited y *Grupo Editorial Tomo, S.A. de C.V.*

Impreso en México - *Printed in Mexico*

Contenido

1. La muerte de don Calogero Vizzini 9
   El leopardo 11
2. Sicilia: Tierra principal de la mafia 15
   Crimen en Sicilia 17
3. El surgimiento de la mafia 19
   Más allá de la unificación de Italia 21
   Cada siciliano para Sicilia y la mafia 23
4. La mafia se muda a Estados Unidos:
   Primera escala, Nueva Orleans 25
   El legado de Esposito: La Mano Negra 26
5. La mafia en Nueva York 29
   Los nexos entre Estados Unidos y Sicilia 31
   El juramento de la mafia y la aparición de
   la *Cosa Nostra* 33
6. Prohibición 37
   La corrupción de los políticos:
   Warren Harding 39
   Chicago bajo el "Gran Bill" Thompson 42
7. Al Capone 45
8. Nueva York 51
   El chantaje laboral organizado y el
   "Pequeño Augie" Orgen 55

9. El siciliano y el judío: Lucky Luciano
y Meyer Lansky 57
Arnold Rothstein 59
10. Nueva York y la Prohibición 63
La batalla por el control: La comisión
Nueva York 67
Luciano y el "Mostacho Petes" 70
11. El final de la Prohibición y el inicio de una
nueva era 73
El Holandés Schultz 74
Louis Lepke 77
Alberto Anastasia 80
Benjamin "Bugsy" Siegel 83
Meyer Lansky y el periodo posterior 87
12. Lucky Luciano, Don Calò y la invasión
de Sicilia 91
Vito Genovese y el botín de guerra 94
Sicilia: La batalla en contra de los comunistas 95
Salvatore Giuliano 97
13. La mafia en Corleone 103
El final de las viejas prácticas 104
Joe Bananas visita Sicilia 107
La conexión francesa 109
14. La muerte y el legado de Lucky Luciano 113
La primera guerra de la mafia siciliana 114
15. La mafia se vuelve contra el Estado:
El encumbramiento de Luciano Leggio 119
Totò Riina comienza a adueñarse del poder 122

16. **Las conexiones de Montreal y Miami**........... 125

   El Triángulo Dorado entra en servicio.............. 128

   El precio de la riqueza...................... 131

   El banquero de la mafia.................... 133

17. **La segunda guerra de la mafia siciliana**........ 137

   El asesinato del General Alberto Dalla Chiesa... 140

   La mafia ingresa a la política nacional.............. 142

   La muerte y los documentos de Aldo Moro...... 143

18. **Sam Giancana, la mafia y la muerte de
   John F. Kennedy**...................... 147

   Joe Bananas y el negocio de la heroína.............. 150

   Carmine Galante...................... 152

19. **La conexión de la pizza**.................. 157

   Adónde va el dinero........................ 160

20. **Giovanni Falcone y Tommaso Buscetta,
   el don de dos mundos**.................... 163

   Buscetta: "El renacimiento del honor
   de la mafia".................... 164

21. **Arrestos masivos en Sicilia y Nueva York**..... 167

   El maxi proceso en Sicilia.................... 169

   Giovanni Falcone trabaja tras bambalinas.......... 172

   La *Cosa Nostra* le declara la guerra al Estado..... 173

   Los funerales: El público reacciona.................. 176

   Totò Riina es arrestado: El surgimiento de
   los pentiti y de Giulio Andreotti...................... 178

22. **La política de la mafia**.................... 181

   Salvo Lima, los Salvos y la "Apoteosis".............. 182

   Andreotti se enfrenta a la comisión.................. 185

23. El escándalo de P2: Roberto Calvi,
    el Vaticano y la mafia..................................... 187
    La mafia y los masones................................... 191
    El beso: La reunión entre Andreotti y Riina 193
    Andreotti es enjuiciado................................... 194
24. Un cambio de lealtad: El encumbramiento
    de Silvio Berlusconi y Forza Italia................. 197
    La mafia recoge los pedazos 198
    Bernardo "El Tractor" provenzano.................... 199
25. *El padrino* y *Buenos muchachos*: La mafia se
    vuelve más vieja y rica, pero continúa viva.. 201

1. La muerte de don Calogero Vizzini

Cuando a principios de la década de 1950, uno de los más poderosos jefes de la mafia en sicilia, don calogero vizzini (mejor conocido como don calò) falleció, se celebró una misa de cuerpo presente en una iglesia de villalba, su pueblo natal, donde había sido el alcalde. Los políticos de su partido, los Demócratas Cristianos y los altos prelados de la Iglesia Católica Romana llegaron a presentar sus condolencias, junto con los jefes de las otras familias de la mafia, periodistas y un gran número de personas de las áreas rurales circundantes. En el portal de la Iglesia, según el escritor Norman Lewis, había un anuncio acerca de su fallecimiento, en el cual se leía en parte: "Sabio, dinámico, incansable, fue el benefactor de los trabajadores de la tierra y de las minas de azufre. Hizo el bien de manera constante y su reputación se extendió tanto en Italia como en el extranjero. Magnánimo frente a la persecución, grande en la adversidad... recibe de amigos y enemigos por igual el mayor de todos los tributos: El reconocimiento de ser un caballero".

El anuncio no era erróneo. A pesar de que el ex granjero analfabeta (que rara vez traía puesto algo más que un usado pantalón holgado y una camisa sucia y que apenas podía hablar algún otro idioma aparte de su dialecto nativo), quizá no haya sido un caballero en el sentido conocido de la pala-

El jefe de la mafia siciliana, Don Calogero Vizzini, alias Don Calò.

bra, ciertamente había recibido su buena porción de "persecución" y de "adversidad."

Había vivido veinte años en la Italia de Mussolini, ya fuera en la cárcel o en fuga del emisario de *Il Duce*, el "Prefecto de Hierro", Cesare Mori; y en verdad tenía una "reputación" que se "extendió tanto en Italia como en el extranjero". Más que cualquier otra persona, el desaliñado Don Calò fue el responsable de que la parte estadunidense de la invasión a Sicilia se llevara a cabo con éxito en cuestión de días. Seleccionado por una fuerza especial y convertido en un coronel honorario del Ejército de Estados Unidos, más o menos en el acto, este alcalde desharrapado marchó al frente de la expedición estadunidense y fue conocido afectuosamente como el "General Mafia."

Después de la guerra, Don Calò se convirtió en un hombre poderoso en el territorio de los Demócratas Cristianos y al momento de su fallecimiento no sólo era inmensamente poderoso, sino también muy acaudalado.

Por consiguiente, no es de sorprender que su féretro adornado con flores haya tenido una guardia de honor en la cual participó su sucesor, Giuseppe Genco Russo. No obstante, pocas personas se percataron en ese momento, que un cordón unía a Russo y el cadáver de su ex jefe, un cordón umbilical por el que fluía, por una norma de las creencias de la mafia, la sangre de los dioses o la esencia del poder de

Don Calò, preservada en la generación siguiente. En todo caso, el cordón simbolizaba en la iglesia la presencia de algo mucho más antiguo que el Cristianismo, casi tan antiguo como el paisaje montañoso de la misma Sicilia.

El leopardo

Unos seis años después, se publicó un libro que se convirtió en el primer éxito de librería internacional logrado por Italia. Se llamaba *El Gatopardo*, y el autor era el gran escritor siciliano Giuseppe Tomasi, príncipe de Lampedusa y duque de Palma. El libro estaba centrado en el bisabuelo del príncipe, aquí llamado Don Fabrizio, figura importante en esa época de otra "liberación": El arribo de Garibaldi a Sicilia a principios de la década de 1860, con anterioridad a la unificación de Italia.

La intriga de *El Gatopardo*, ya que sin duda existe una, gira alrededor del sobrino del príncipe Tancredi, un apasionado Garibaldista, quien se enamora de la hermosa joven de diecisiete años, Angélica Sedara, cuyo padre es el alcalde de la región que rodea al castillo veraniego del príncipe. El alcalde es otro Calogero. También es desaliñado, inmensamente rico y poderoso y "se da a entender que ha estado muy ocupado en la época de la liberación". Está implícito que es un mafioso, su "codicioso" y "despótico" suegro es encontrado muerto, con doce heridas de rifle en su espalda, dos años después del casamiento de Don Calogero.

Claudia Cardinale representó el papel de la hermosa Angélica Sedara.

Sin embargo, el príncipe descubre que él también tiene una

Burt Lancaster representó el papel de Don Fabrizio.

gran influencia en la política. Ha manipulado de manera fraudulenta las elecciones locales respecto al problema de la unificación en beneficio de su partido, de manera que el resultado en esa zona es un "sí" unánime. Entonces, Don Fabrizio, cuando recibe la invitación para convertirse en un senador en el Parlamento nuevo, ahora italiano en su totalidad, contempla un futuro promisorio y recomienda a Don Calogero Sedara. La mafia avanza en su camino para penetrar en la política a nivel nacional, según se desarrolla la obra.

El Gatopardo fue llevado al cine por el aristocrático director italiano Luchino Visconti, con Burt Lancaster en el papel de Don Fabrizio, y Alan Delon y Claudia Cardinale, como Tancredi y Angélica, respectivamente. La película se desarrolló definitivamente en el siglo XIX. ¿Pero será que el libro en el que está basada, en parte, muestra un retrato del periodo posterior a la Segunda Guerra Mundial? ¿Y es Don Calogero Sedara en realidad Don Calò Vizzini? Es imposible saberlo. Sin embargo la pobreza y la violencia en el ambiente que son descritas en el libro pueden aplicarse a prácticamente cualquier época dentro de los trescientos o cuatrocientos años anteriores al inicio de la década de 1960. Sólo las vestimentas, los carruajes y la constante presencia de la *lupara*, el rifle para cazar lobos, realmente impiden que se aplique a cualquier época en los pasados dos mil años.

El director italiano Luchino Visconti.

Por ejemplo, un área rural muy bien presentada, "con una alberca, abrevadero, prisión, cementerio... ocultaba los cadáveres de bestias y animales hasta que ellos eran reducidos a descarnados esqueletos anónimos". Las mujeres del pueblo son vistas "mediante el parpadeo de lámparas de aceite... (examinando) los párpados de sus hijos, inflamados por el tracoma. Todas ellas estaban vestidas de negro y varias habían sido las esposas de aquellos cadáveres de espantapájaros con los que uno se tropieza en los recodos, en los caminos rurales". La pobreza en el libro es absoluta; la riqueza del Príncipe, expresada en su mayoría en vastas propiedades y palacios decadentes, es cuidada y administrada por hombres cuyos rifles "no siempre eran inofensivos". La pobreza y la violencia en el libro, la tierra, los palacios, los guardias y la política, podrían provenir prácticamente de cualquier época. Y fueron ellos los que proporcionaron la mezcla peculiar a la isla, ocasionando el encumbramiento del residuo venenoso histórico que es la mafia siciliana.

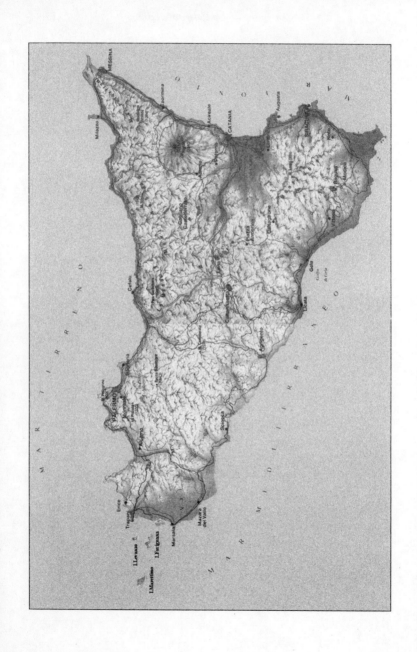

2. Sicilia: Tierra principal de la mafia

Sicilia no es una isla ordinaria. Durante dos mil años antes del descubrimiento de américa, tuvo que pagar un precio excesivo por encontrarse en el corazón del mar mediterráneo y, por consiguiente, más o menos en el centro estratégico del mundo conocido. La isla era un verdadero premio que debía ser capturado y sometido y así lo fue, por los griegos, los romanos, los bizantinos, los árabes, los alemanes, los franceses y por todos los filibusteros y arribistas que, en medio de todos éstos, intentaban hacerse de un nombre. En lo que respecta a su sistema social, fueron los romanos quienes establecieron las pautas. Ellos deforestaron Sicilia de manera sistemática y la convirtieron en una colonia feudal, cuyo trabajo era alimentar, básicamente con trigo, al territorio continental del Imperio romano, así como a ellos mismos. Enormes propiedades agrícolas eran productivas mediante el empleo de esclavos que trabajaban por todas las regiones de la isla; y a pesar de que con el tiempo el trigo desapareció, las propiedades agrícolas y los esclavos no lo hicieron.

Mucho tiempo después de que la atención del mundo se había dirigido hacia otras actividades, Sicilia continuaba siendo feudal y a los campesinos únicamente se les concedió el derecho de poseer la tierra en los inicios del siglo XIX. Los intereses creados y los engaños legales de los terratenientes lograron que muy pocos de estos campesinos poseyeran tierras, hasta que hubo transcurrido otro siglo o más tiempo.

Sicilia siempre había sido, en cierto sentido, una isla convertida en una versión de Rusia, atenuada con las cosechas de árboles de cítricos plantados por los árabes, pero aún así como Rusia. Hasta el inicio del siglo XX, tres cuartas partes de la isla pertenecían a los terratenientes aristócratas, quienes se encerraban en palacios distantes o se divertían en sitios europeos occidentales que eran el equivalente a Moscú o San Petersburgo. Aquí no hubo ningún Renacimiento, ni Reforma, ni Era de las Luces, ni gremios de comerciantes, ni ciudades-república o príncipes legisladores, únicamente trabajo arduo y extenuante, un resentimiento enconado contra el gobierno, en cualquier forma que éste adoptara y, desde luego, crimen.

Desde épocas tan antiguas como el siglo XVIII, los bandoleros y los estafadores siempre han sido una parte notoria de la vida rural siciliana.

Crimen en Sicilia

El crimen en Sicilia siempre se ha identificado, de una forma o de otra, con el patriotismo isleño y con la resistencia al invasor. Algunos escritores del siglo XVIII describen un lenguaje secreto en Sicilia que afirman se remonta a los tiempos de los tiranos griegos. El crimen también fue posible debido a la enorme dificultad que implicaba viajar al interior de la isla, a través del escarpado terreno montañoso. Además, hasta el siglo XX, los caminos eran casi inexistentes.

Las fuerzas policiacas eran escasas en número y estaban dispersas y, por consiguiente, el bandolerismo fue durante mucho tiempo una opción atractiva como profesión para los jóvenes isleños, quienes permanecían protegidos de la acción de la ley, en particular si ésta actuaba a través de lealtades familiares y de clanes. Estas lealtades, en especial aquellas de familiares cercanos, estaban por encima de todo lo demás. No es por casualidad que a la unidad básica de la mafia se le denomine "la familia".

Sin embargo, en cierto sentido, el crimen también se formó dentro del antiguo sistema feudal. La aristocracia ausente necesitaba administradores para sus propiedades, que supervisaran y aseguraran el trabajo de los campesinos aparceros y protegieran la tierra, sus construcciones y su ganado, no sólo de los bandidos, sino también de la difusión de las ideas liberales. Necesitaban guardaespaldas con poder local e influencia, hombres capaces de blandir la *lupara* y que no tuvieran mucho respeto por la ley. La distinción entre bandido, hombre de una "familia" y agente de seguridad del estado era, en otras palabras, muy poca al final. Los administradores y los hombres que ellos contrataban acordaban un precio entre ambas partes por imponer el orden: Un porcentaje de los campesinos por cuidar sus intereses y un porcentaje de los amos por continuar protegiendo los suyos. Mientras tanto, desde luego que podían trabajar por su cuenta como los mismos bandidos que supuestamente era contra los que debían proporcionar seguridad. La extorsión por protección fue desde épocas ancestrales una especialidad en particular de los sicilianos. Existía una presión inmensa en los terratenientes para contratar bandas de bandoleros como su *guardiani* personal y la cooperación con las fuerzas de la ley era prácticamente desconocida.

Una razón de la falta de cooperación era que se pensaba que el estado era totalitario, las leyes que se imponían en Sicilia eran una confusión de normas conflictivas establecidas por invasores sucesivos. Los juicios en los tribunales eran interminables, y era por el interés de todos, los campesinos, los criminales, la aristocracia y los funcionarios del tribunal, que los retrasos en la aplicación de la ley debían ser breves. Después de todo, muchos jueces tenían que comprar sus puestos y a los empleados del tribunal se les pagaba poco o nada. Por consiguiente, era de esperarse que un "hombre de influencia" pronto llegara a ver qué ocurría o que se encargara del asunto él mismo.

Un viajero del siglo XVIII registró la existencia en Sicilia de una sociedad secreta de justicia más eficaz que los tribunales, una en la que todos los miembros juraban obedecer sus dictámenes.

Las bandas criminales, la extorsión por protección, la política antiliberal, el hurto, las sociedades secretas de justicia, las familias, todo ello creó la mafia siciliana. Por lo tanto, la mafia ya estaba en funciones mucho antes del siglo XIX, con todas sus características excepto, quizá, por su nombre.

3. El surgimiento de la mafia

La palabra "mafia", según el historiador Denis Mack Smith, apareció de forma oficial en Sicilia en el año de 1863, cuando una obra en dialecto, basada en la vida de la prisión principal de la ciudad, se estrenó en Palermo. Su nombre era *I Mafiosi della Vicaria*, y ella popularizó una palabra que fue empleada por los criminales y los terratenientes que buscaban guardaespaldas.

Sin embargo, su origen todavía es incierto. Existen algunas sugerencias de que se deriva de la frase en árabe *ma fia* o "lugar de refugio", utilizada por los árabes después de la invasión de los normandos, cuando eran esclavizados en las propiedades de sus nuevos conquistadores. Otros investigadores sugieren que proviene de un acrónimo secreto, empleado por los sicilianos cuando se levantaron en armas contra los normandos, es decir, de *mahjas*, la palabra árabe para fanfarronada. No obstante, cualquiera que sea el origen de la palabra, las personas que actualmente son identificadas por ella, han trabajado en estas actividades desde mucho tiempo antes de que la palabra se volviera de uso común.

Los nombres de las bandas criminales quedaron registrados desde el siglo XVIII; Beati Paoli, los Vengadores y demás, son los nombres de un bandido individual o dos, como don Sferlazza, un seminarista y forajido implicado en la venganza de una familia, quien como sacerdote era impune al castigo. De acuerdo con los registros existentes, los secuestros he-

Palermo, Sicilia, la ciudad que vio el nacimiento de la palabra "mafia".

chos al azar eran muy frecuentes, así como el robo de ganado
y el control ilegal de las fuentes de agua. Incluso existía un
culto religioso muy popular de los criminales, denominado
el *Decollati*, en el cual se ofrecían oraciones a los criminales que eran ejecutados, en templos repletos de huesos des-
membrados.

Sin embargo, las bandas criminales sólo salieron abiertamente a la comunidad con la rebelión de 1848 en contra de los gobernantes Bourbon de la isla, cuando irrumpieron en la ciudad de Palermo y se unieron a la revuelta. A la batalla se unió una banda encabezada por una feroz mujer dedicada a la cría de cabras, de nombre Testa Di Lana, quien deseaba vengarse en contra de la policía. Para cuando el orden se restableció, el estado siciliano prácticamente había sido destruido por completo y las bandas criminales, como los Pequeños Pastores y los Degolladores, eran, de acuerdo con Mack Smith: "La única forma de asociación floreciente en Sicilia". El jefe de la policía tuvo que cooperar con algunas de ellas, así que Scordato, el campesino analfabeta, jefe de Bagheria, y Di Miceli, jefe de Monreale, ahora estaban empleados como cobradores de impuestos y guardacostas, por lo que se volvieron ricos. La seguridad y aplicación de la ley en Misilmeri, se puso en manos del famoso bandido Chinnici, quien descubrió un denominador común entre el lucrativo secuestro y la eliminación del liberalismo.

Más allá de la unificación de Italia

El liberalismo, a pesar de que era el enemigo de sus aristocráticos patrocinadores, resultó ser al final, el amigo de los mafiosos. Cuando Garibaldi llegó para iniciar la unificación de Italia, descubrió que las bandas eran unos aliados útiles, a pesar de no ser confiables. Y cuando por fin se llevó a cabo la unificación, los mafiosos, como lo harían más tarde en Rusia, encontraron demasiado fácil subvertir las instituciones liberales que Garibaldi había instituido.

Las primeras elecciones nacionales les proporcionaron un nuevo instrumento: La manipulación y distribución de los votos. El juicio mediante un jurado prácticamente les garantizaba impunidad, ya que pocos individuos eran lo su-

Garibaldi reconoció la influencia de las bandas criminales
de Italia en su intento por unificar la nación.

ficiente valerosos o lo suficiente ricos para querer pararse
frente a ellos con un veredicto de "culpabilidad." Las instituciones de crédito y de caridad se convirtieron en algo de

lo cual sacar provecho e incluso el nuevo Banco de Sicilia no quedó inmune. Ellos lo utilizaron para canalizar fondos para sus aliados políticos. Uno de los primeros directores del banco fue secuestrado y luego asesinado, después de que se encontraron irregularidades en los manejos financieros.

Sin embargo, el liberalismo y la unificación no hicieron nada en absoluto para mejorar la suerte del campesino ordinario. Ni tampoco hicieron algo respecto a los problemas económicos de Sicilia. Los impuestos aumentaron y así lo hicieron los precios de los alimentos. Las industrias textiles y de la seda de la localidad quebraron. La hostilidad contra el territorio continental, el gobierno nacional y sus instituciones se incrementó por todas partes, entre los clérigos, los aristócratas, los abogados y los campesinos. Cada vez que era necesario, todos usaban ahora los buenos oficios de la mafia, a pesar de que sus productos eran la violencia y el miedo. En la década de 1860, el cónsul británico en Palermo escribió:

> Las sociedades secretas son todopoderosas. Las juntas militares autoelegidas de la *Camorra* y la *Maffie* (SIC), comparten las ganancias de los trabajadores, mantienen tratos comerciales con los delincuentes y tienen bajo su ala y protección a los malhechores.

Una década después, un informe del gobierno italiano declaró abiertamente:

> La violencia es la única industria próspera en Sicilia.

Cada siciliano para Sicilia y la mafia

El grado al que incluso la Iglesia y los aristócratas terratenientes se fueron coludiendo con la mafia en una fecha tan temprana, ahora parece algo extraordinario. Los palacios se abrieron a los asesinos, y la jerarquía local de la Iglesia Católica, que consideraba el Norte y su gobierno como pecaminosos, se hizo de la vista "gorda". Y en el peor de los casos, en las palabras de un informe escrito por un miembro del Parlamento del Norte en la década de 1870:

> "Hay una historia acerca de un ex sacerdote que se convirtió en líder del crimen organizado en un pueblo cerca de Palermo y que administraba la extremaunción a sus propias víctimas. Después de un cierto número de estas historias el perfume de las flores de naranja y limón comienza a oler a cadáveres."

Setenta años después, el bandido de la mafia, Salvatore Giuliano, solía asistir a reuniones para tomar el té en el palacio del Arzobispo en Palermo, a pesar de que en ese entonces era prisionero de la cárcel de Ucciardone. Otro Arzobispo, hace cuarenta años, declaró que Tommaso Buscetta, el primero y más importante de los testigos que finalmente rendía su testimonio en contra de la mafia, era uno de los tres enemigos más grandes de Sicilia. Esto ocurrió sólo dos años después de que la palabra "mafia" pudo aparecer por primera vez en el código penal italiano, a pesar de que había sido denunciada más de cien años antes por un Ministro de Justicia italiano, por recibir la protección del gobierno. La respuesta se iba a convertir a partir de entonces en una letanía, tanto en Sicilia como más tarde en Estados Unidos: "La mafia es un invento; un invento de la policía del norte..."

4. La mafia se muda a Estados Unidos: Primera escala, Nueva Orleans

En 1880, cerca de la estación del ferrocarril, en Lecrera, Sicilia, un clérigo inglés fue secuestrado por un jefe de una banda llamado Leoni y mantenido en cautiverio a cambio de un rescate de 5000 libras. Mientras las autoridades vacilaban, le cortaron una de sus orejas y se las enviaron en un paquete; a partir de ese momento los británicos comenzaron a prestar más atención. No obstante, las negociaciones requirieron tiempo y Leoni se puso cada vez más impaciente, así que le cortó la otra oreja y la entregó con una nota que decía que el clérigo estaría muerto a menos que el dinero del rescate llegara en poco tiempo. Los británicos pagaron de manera apropiada y recuperaron a su desventurado, y ahora también desorejado, ciudadano. Sin embargo, su protesta ante el gobierno italiano fue tan fuerte que éste se vio obligado a enviar al ejército en persecución de Leoni. En consecuencia, Leoni y la mayoría de sus seguidores resultaron muertos en una batalla, pero uno de estos seguidores, Giuseppe Esposito, escapó y se fue a Estados Unidos, a la ciudad de Nueva Orleans, donde había una importante comunidad italiana y donde se dice que compró un bote de pesca, al que llamó *Leoni* y al que le colocó en el mástil la bandera del bandido.

Sin embargo, Esposito también comenzó a sacarles el dinero a los prósperos dueños de tiendas y restaurantes en la comunidad italiana de Nueva Orleans, obligándolos a invertir en una flota de botes pequeños. Esposito organizó su propia banda criminal, imitando a Leoni, a la que llamó la "Mano Negra". Pero en el proceso entró en conflicto con otro italiano, quien según parece también había estado en el negocio de la protección, llamado Tony Labruzzo. Éste delató a Esposito con el cónsul italiano, así que el jefe de la Policía de Nueva Orleans puso a dos de sus mejores hombres, los hermanos David y Mike Hennessy, en la investigación del caso. Éstos pronto arrestaron a Esposito, quien fue deportado de inmediato a Palermo, donde fue sentenciado a cadena perpetua.

El legado de Esposito: La Mano Negra

Sin embargo, hubo algunas repercusiones. Tony Labruzzo fue asesinado poco antes de que Esposito fuera juzgado y no pasó mucho tiempo para que otros dos hermanos, dueños de una cantina, Charles y Tony Matranga, se hicieran cargo de la Mano Negra. Ellos comenzaron con la clase usual de delito: La provisión de cargueros, bajo presión, a Joe y Pete Provenzano, propietarios de tiendas de comestibles, quienes tenían el monopolio en la descarga de barcos repletos de fruta provenientes de Sudamérica. Después, los hermanos decidieron simplemente adueñarse del monopolio e incluso comenzaron a ir tras las tiendas de comestibles de los Provenzano. De repente, en las calles hubo hombres armados de ambos bandos. En una emboscada, resultaron muertos dos hombres del lado de los Provenzano, así como varios heridos.

El jefe de la policía de Nueva Orleans en esa época era David Hennessy, uno de los dos hermanos que habían arrestado y deportado a Giuseppe Esposito unos años atrás. A él le agradaban los Provenzano y estaba ansioso por llevar a sus atacantes ante la justicia tan rápido como fuera posible. Así que se comunicó con el cuartel central de los *carabinieri* en Roma y les solicitó los nombres y las fotografías de los miembros de la vieja banda de Leoni. Hennessy recibió una advertencia en una carta anónima, pero no hizo caso y persistió. En octubre de 1890 fue asesinado.

En Nueva Orleans, los ánimos se exacerbaron cuando once italianos incluidos en los archivos de Hennessy fueron arrestados de inmediato y cuando otros diez se agregaron a aquéllos que ya se encontraban tras las rejas. Siete de los detenidos fueron juzgados al mismo tiempo y acusados del asesinato de Hennessy, en febrero de 1891. Pero pronto fue bastante evidente que tanto el juez como el jurado habían sido sobornados. A pesar de que había testigos del crimen y a pesar de que uno de los acusados confesó haber asistido a la reunión de la mafia en la que se ordenó la muerte de Hennessy, el juez puso en libertad a dos de los acusados en las primeras etapas del juicio y el jurado hizo lo mismo con el resto. Esa noche hubo varias celebraciones en la comunidad italiana. Un grupo de sicilianos pisoteó la bandera de las barras y las estrellas en el lodo y luego la colgaron de cabeza, debajo de la bandera italiana.

De inmediato, el 14 de marzo se colocaron anuncios en los periódicos de la ciudad convocando "a todos los buenos ciudadanos" a una reunión masiva, "preparados para la acción". Se logró reunir a una multitud de personas. Uno de los patrocinadores de la reunión les entregó pistolas y once de los doce hombres que todavía no salían de prisión fueron linchados rápidamente.

A partir de este momento, la mafia en Nueva Orleans se volvió muy silenciosa. No obstante, hubo otro brote en

1907, cuando un niño italiano de siete años fue secuestrado para pedir un rescate de 6000 dólares y luego asesinado. Cuatro de los miembros de la banda fueron capturados de inmediato y uno de ellos fue ahorcado. Sin embargo, salió a la luz durante el transcurso del proceso judicial que los negocios en la comunidad italiana habían pagado dinero para su protección a las bandas sicilianas durante años.

La ciudad de Nueva Orleans a principios de 1900

5. La mafia en Nueva York

Alrededor de 1 250 000 inmigrantes abandonaron el Sur de Italia para irse a vivir a Estados Unidos entre 1900 y 1910 y un elevado porcentaje de ellos provenían de Sicilia, impulsados por la pobreza y el implacable trabajo arduo de la semiesclavitud, la opresión de los terratenientes y los enormes impuestos. Muchos de ellos hicieron su primera escala en Nueva York. Fueron los registros de la policía de Nueva York los que proporcionaron otra mirada a las bandas sicilianas que operaban detrás del camuflaje de sus comunidades y, al mismo tiempo, las hacían sus víctimas.

Uno debe asumir que, con frecuencia, la fuerza policiaca de Nueva York prestaba poca atención al delito en los numerosos sectores italianos de la ciudad. Pero el asesinato era un asunto diferente, en especial si era una serie de asesinatos que ocurrieron entre 1902 y 1903. Las víctimas, del sexo masculino, fueron encontradas en barriles, cajones, sacos y en muchos casos sus lenguas habían sido cortadas en dos. Era evidente que eran hombres que habían hablado de más y violado la "ley de Omertà", el silencio viril. De inmediato se sospechó de un jefe de una banda siciliana de nombre Giuseppe Morello. Dirigía una camarilla de falsificadores y enviaba sus productos hacia todo Estados Unidos; la policía ya le seguía los pasos, así como a sus lugartenientes, conocidos como Lupo "el Lobo" y Petto "el Toro."

En abril de 1903, la policía comenzó a lograr un progreso verdadero en el caso. El 13 de abril se encontró otro cadáver con la cabeza casi cercenada, en esta ocasión dentro de un barril, cerca de una pila de maderos, en un sector de la parte baja del Este de Nueva York. La víctima traía aretes, lo que mostraba con claridad que era siciliano. Su fotografía pronto fue reconocida por un detective que lo había visto en fecha reciente en compañía del Lobo y del Toro, en un restaurante propiedad del siciliano Pietro Inzerillo. El barril provenía de un proveedor mayorista de comestibles que lo había entregado al restaurante de Inzerillo.

En este punto, el caso le fue asignado a un detective italiano llamado Joseph Petrosino; el detective fue a visitar a un miembro de la banda de Morello que se encontraba encarcelado en la prisión de Sing Sing. El convicto, Joseph De Priemo, de inmediato reconoció la foto del hombre asesinado que Petrosino le mostró. Era su cuñado Beneditto Maradonia, un hecho que fue confirmado más tarde por la esposa de Maradonia.

Éste parecía ser un caso cerrado. La policía había encontrado una carta de Maradonia en la casa de Morello, donde le informaba a éste que ya no iba a continuar en el peligroso negocio de distribuir dinero falso y que se iba a regresar con su familia en Búfalo. Morello, Inzerillo, el Lobo, el Toro y varios otros hombres fueron arrestados. Sin embargo, De Priemo y los miembros de la familia de Maradonia se rehusaron a repetir en un tribunal la evidencia que le habían proporcionado a la policía y los hombres tuvieron que ser dejados en libertad. Morello y el Lobo fueron acusados después de falsificación y enviados a prisión con muy poca evidencia, por veinticinco y treinta años respectivamente. Inzerillo también recibió una sentencia draconiana acusado de "alterar sus documentos de ciudadanía."

Los nexos entre Estados Unidos y Sicilia

El Toro, que se había dado a la fuga, se retiró a vivir a Brown-town, Pensilvania, donde fue asesinado a balazos en 1925, poco después de que De Priemo saliera de la prisión de Sing Sing. Inzerillo también fue asesinado poco después de salir de prisión. En cuanto al detective Joseph Petrosino, se mantuvo con enorme curiosidad acerca de la mafia siciliana y en 1908, con un permiso especial de su jefe, el jefe de la policía Joseph Bingham, viajó a Palermo para llevar a cabo una investigación.

Viajó en condiciones muy confidenciales, como Guglielmo De Simone, con un domicilio en el Banco Comercial de Palermo. Sin embargo, alguien lo delató; se dice que hubo una reunión de la Mano Negra en Nueva Orleans, la cual envió información anticipada de que Petrosino iba en camino, a uno de los jefes más poderosos en Sicilia, Don Vito Cascio Ferro.

En la actualidad, se cree que Don Vito fue el principal promotor de la unificación de las bandas criminales, casi siempre enfrentadas, de los mafiosos sicilianos y de la creación de un sindicato del crimen. Él modernizó la extorsión y el secuestro y envió emisarios a Estados Unidos como embajadores. Tenía barcos para el contrabando de ganado y alimentos, así como amigos muy poderosos. Y fue Don Vito quien personalmente asesinó a balazos a Petrosino mientras éste caminaba por la plaza Marina en Palermo, el 12 de marzo de 1909. Después hizo alarde públicamente de ello. Era un asunto de honor y una demostración para que todos se percataran de la impunidad de Don Vito.

Para la fecha en que Don Vito ascendió a lo que podría haber sido el título del *capo di tutti capi* de Sicilia, muchos inmigrantes habían comenzado a regresar a la isla provenientes de Estados Unidos, trayendo con ellos noticias acerca de la democracia y de las ganancias fáciles que se podían obtener. El concepto de una operación conjunta a larga distancia a través del océano Atlántico, debió haberse desarrollado. Sin embargo, la Primera Guerra Mundial pronto puso la idea en espera. A pesar de que se dice que los mafiosos en Sicilia, como Don Calogero Vizzini, hicieron una fortuna por la escasez de productos ocasionada por la guerra, la tasa de delitos bajó drásticamente, ya que los jóvenes fueron enviados a combatir.

Al término de la guerra, también hubo más retrasos. Un sistema de cuotas comenzó a utilizarse en Estados Unidos, el cual contuvo la inmigración de Sicilia. No obstante, la isla tuvo problemas propios. En 1924, el prefecto de Mussolini,

Times Square, en Nueva York. La ciudad recibió a 1 250 000 inmigrantes entre 1900 y 1910.

Cesare Mori, asumió el cargo y, como Mussolini, Mori no tenía ni el más ligero interés en el buen oficio de la ley, así que colgaba a los líderes de la mafia de los postes del alumbrado público. Sitiaba pueblos enteros cuando sospechaba de su presencia. En el pequeño poblado de Gangi, capturó, arrestó y sentenció a 100 mafiosos, incluida una mujer, la denominada Reina de Gangi, quien se vestía como hombre. Puso tras las rejas a líderes mafiosos, como Don Ciccio Cuccia y Don Calogero Vizzini; a pesar de que algunos fueron dejados en libertad por falta de evidencias, la mafia recibió la derrota más severa de toda su historia. Los asesinatos en la isla disminuyeron en tres cuartas partes y la población quedó estupefacta. Cuando Mori ofreció un premio por el mejor ensayo acerca de cómo destruir a la mafia, no se recibió ni una sola sugerencia.

De hecho, requirió la llegada de la Segunda Guerra Mundial y el derrocamiento de Mussolini para que esa idea se reviviera, como fue, con una venganza de consideración. En el ínterin, el bastón de poder del crimen organizado fue transferido a Estados Unidos, donde la mafia siciliana se desarrolló de manera exponencial a causa del notable medio de crecimiento de la Prohibición.

El juramento de la mafia y la aparición de la *Cosa Nostra*

Cuando en 1984, Don Tommaso Buscetta comenzó a hablar acerca de las actividades internas de la mafia al magistrado de Palermo, Giovanni Falcone, la palabra mafia fue agregada al código penal italiano; no obstante, todavía existen ediciones del diccionario *Oxford English Dictionary* que, según el escritor Peter Robb en su memorable libro *Medianoche en Sicilia*, explicaban de la palabra "mafia" lo siguiente: "Con frecuencia se supone erróneamente que constituye una sociedad secreta organizada, la cual existe para llevar a cabo propósitos criminales".

Buscetta presionó para que hubiese un cambio en la definición del diccionario. Le expuso todo a Falcone: Las cadenas de mando, las guerras entre las bandas, las conexiones profundas entre Estados Unidos y Sicilia. También describió el juramento que tenía que hacer cada uno de los reclutas de la mafia. Resulta de gran valor citarlo en su totalidad, ya que contiene extrañas reminiscencias previas al Cristianismo del cordón que pasó entre el cuerpo de Don Calogero Vizzini y su sucesor. También proporciona el verdadero nombre de la mafia por primera vez. Buscetta dice lo siguiente:

El neófito es llevado a un sitio apartado, que incluso podría ser la casa de alguien, en presencia de tres o más Hombres de Honor de la familia. Entonces, el mayor de aquellos presentes le informa que el propósito de *questa cosa* (esta cosa) es proteger al débil y eliminar a los opresores. Después, se pincha un dedo de una de las manos de la persona que presta juramento y la sangre se hace caer en una imagen sagrada. Entonces, la imagen se coloca en su mano y se quema. Durante este tiempo, el neófito debe soportar el fuego, pasando la imagen sagrada con rapidez de una mano a la otra hasta que se consume y entonces jura mantenerse leal a los principios de la Cosa Nostra (Nuestra Cosa) y declara con solemnidad: "Que mi carne se queme como esta sagrada imagen si soy desleal a este juramento".

Éste fue, en términos generales, el método de juramento en uso cuando me convertí en un miembro de la Cosa Nostra. Después del juramento, y sólo entonces, el Hombre de Honor es presentado al jefe de la familia, cuyo puesto no conocía de antemano, sabiendo, de por sí, aún menos sobre la existencia de la Cosa Nostra.

Hasta ese día de 1984, el nombre verdadero de la mafia que se había desarrollado dentro del estado siciliano nunca se había conocido por ningún extraño. Ni ésta, ni la existencia de la *Cosa Nostra* en Estados Unidos podían continuarse negando.

Nuevo puente de Brooklyn, N.Y., 1902

6. Prohibición

El presidente estadunidense Calvin Coolidge denominó a la Ley Volstead, la cual estableció la Prohibición el 17 de enero de 1920, "el mayor experimento de la era moderna". Pero en realidad fue la última batalla del Estados Unidos blanco anglosajón, contra la marea de inmigrantes bebedores de cerveza y vino que imaginaba contaminaban las aguas limpias y claras del estado. Se había presentado como un asunto patriótico por todos aquellos que habían hecho campaña por ella de forma implacable durante la Primera Guerra Mundial y que ahora resultaban victoriosos. Los alemanes bebían cerveza, habían dicho, y nosotros estamos en guerra contra Alemania. Por lo tanto, para ser patriótico de manera consistente, también debemos emprender una guerra contra la cerveza. Lo mismo pronto fue para los italianos y su vino, para los sucios granjeros que evadían impuestos en los licores, con sus destilerías ilegales y con toda certeza fue para las cantinas en todo el país, donde la clase más humilde de trabajadores bebía para ahogar el sufrimiento de los salarios bajos, el desempleo y las condiciones de vida atroces, tanto en el trabajo como en su hogar.

El presidente Calvin Coolidge estableció la Prohibición y abrió nuevos caminos para el crimen organizado.

Además, los dueños de cantinas fueron notables como organizadores de las votaciones locales para cualquier político con la capacidad de pagarles. Ellos eran grandes contaminadores del estado de los padres fundadores y también se tenían que ir.

Fue evidente desde el principio, que esto era un acto monumental de estupidez moral y política. No sólo la Ley Volstead tenía un gran número de vacíos legales, como la producción y prescripción de alcohol "medicinal" y "agrícola", así como de vino utilizado para propósitos religiosos, sino que nunca fue respaldada por los ciudadanos ordinarios. Y fueron éstos quienes, al ejercer lo que consideraron como su derecho divino a beber, apoyaron a los contrabandistas de licor y a los operadores de cantinas ilegales, así como a aquellos que los controlaban. Ellos votaron, en efecto, para

Las autoridades se vieron muy presionadas para erradicar
la oleada de licor ilegal durante la Prohibición.

elegirlos como una clase de gobierno clandestino. No por algo Al Capone fue apodado en Cicero, Illinois, como el "Alcalde del Condado Crook".

El proceso mediante el cual los estadunidenses, de manera gradual y también fatal, perdieron su capacidad para la indignación moral, comenzó prácticamente de inmediato. Menos de una hora después de aprobada la Prohibición, en Chicago, seis hombres armados se escaparon con *whisky* con un valor de 100 000 dólares, que se había destinado para uso medicinal. En cuestión de semanas, 15 000 médicos y 57 000 farmacéuticos minoristas habían solicitado licencias para vender esta misma clase de licor para cualquier tipo de dolor o malestar que pudieran encontrar. En 1917, antes de que alguno de los estados hubiese votado para volverse abstemio, como muchos lo hicieron uno por uno, los estadunidenses consumieron 7500 millones de litros de licor fuerte, así que todos los que tenían algún tipo de posibilidad de hacerlo, repentinamente se apresuraron para asegurarse de que podían continuar bebiendo. Uno de los mayores contrabandistas de licor iniciales, un abogado y farmacéutico de nombre George Remus, quien se mudó a Cincinnati para establecer su negocio propio, pronto ganó 20 millones de dólares al año. Y hubiesen sido 40 millones, pero los otros 20 millones tuvieron que usarse para policías y agentes corruptos y para jueces y políticos sumisos de la Prohibición.

La corrupción de los políticos:
Warren Harding

Remus y otros como él fueron enormemente ayudados por el hecho de que ahora, la Casa Blanca se encontraba ocupada quizá por la más corrupta administración en la historia de Estados Unidos: La de Warren Harding, quien era un

¿Estuvo Warren Harding a cargo de la administración más
corrupta en la historia de Estados Unidos?

don nadie, fanfarrón y mujeriego de Marion, Ohio, y que
siempre había sido un instrumento útil para los políticos
corruptos de su partido en su estado. Se había convertido en
senador en 1915 y luego en el candidato de último minu-
to para Presidente en la Convención Republicana de 1919.
Hizo campaña principalmente desde el pórtico de su casa en
Marion, proyectando un sueño del pasado: El de un Estados
Unidos de ciudades pequeñas y valores sencillos, temerosa
de Dios y centrada alrededor de la familia.

Cuando llegó a la Casa Blanca, trajo consigo a su familia,
sus directores de campaña y sus amigotes jugadores de póker,
quienes muy pronto convirtieron los asuntos de gobierno
en una máquina para engrosar sus bolsillos. Su Fiscal Gene-

ral, Harry Daugherty, por ejemplo, siempre estaba muy dispuesto a detener las investigaciones y a preparar perdones; de hecho, estaba abierto a cualquier asunto ilícito, todo llevado a cabo por su repartidor del botín, Jess Smith. Ellos se reunían a embriagarse en la planta alta de la Casa Blanca junto con el Presidente. A menudo se encontraba a los miembros del Congreso en estado de ebriedad, tirados en el piso de la Cámara, y se dice que la biblioteca del Senado llegó a ser considerada la mejor cantina de Washington, D.C.

Remus y el resto también se vieron ayudados por el hecho de que los agentes encargados de hacer cumplir la Prohibición no formaban parte de la administración pública de Estados Unidos. En lugar de eso, su reclutamiento se llevaba a cabo por parte de los políticos locales y se convirtieron en parte de su "cartera", de su área de control político.

La Casa Blanca se convirtió en un local popular para los amigos de Harding.

A los agentes también se les pagaba un salario mínimo, un salario que prácticamente era una invitación abierta a la corrupción. Sin embargo, tanto los agentes como los políticos sólo eran parte de una larga línea de personas que ahora hacían fila para recibir su tajada. La corrupción se volvió, poco a poco, la parte esencial del gobierno local y también del nacional, y fue en Chicago donde esto ocurrió con más intensidad que en cualquier otro lado.

Chicago bajo el "Gran Bill" Thompson

La Prohibición llegó a Illinois y por consiguiente a Chicago, en 1918, durante la alcaldía del "Gran Bill" Thompson, hijo de un hombre nacido en Boston, quien amasó una fortuna en bienes raíces en "Windy City". Nunca terminó la escuela preparatoria y se salió de su casa a los catorce años para

Las bandas criminales adquirieron importancia en *Windy City*, durante los primeros años del siglo XX.

convertirse primero en un guardafrenos, en la compañía de ferrocarriles Union Pacific, y luego en un aprendiz de vaquero en Cheyenne. Su padre le compró tiempo después un rancho en Nebraska, pero luego de que falleció, "Gran Bill" regresó a Chicago, convirtiéndose en un deportista estrella en el Chicago Athletic Club y decidió, apostando a la suerte, ser candidato en las elecciones para Consejero, con el patrocinio republicano en el año 1900.

Para 1915, este hombre de hablar grosero y demagógico fue electo Alcalde, y al asumir el cargo heredó todas las relaciones oscuras entre los políticos y el crimen que las pasadas administraciones demócratas habían generado. Los delitos organizados de las bandas de Chicago, como la prostitución, las apuestas, las máquinas tragamonedas, el chantaje laboral organizado y demás, siempre se habían repartido de manera igualitaria entre los distritos de las zonas céntricas, cuyos jefes proporcionaban protección política. A cambio, en época de elecciones, las bandas se aseguraban de que el mayor número de votos que fuera posible, ya fuesen verdaderos o falsos, se hicieran a favor del candidato apropiado. Éste era un arreglo que les convenía a todos. La violencia se mantenía al mínimo y las ganancias eran muy buenas para todos, en particular para el "Gran Jim" Colosimo, quien controlaba la mayoría de las máquinas de juego traga monedas y los prostíbulos en la ciudad y tenía una cantina muy popular llamada Diamond Jim's.

Thompson de inmediato se convirtió en un participante entusiasta en este conveniente arreglo, y poco a poco transformó el gobierno de la ciudad de Chicago en una versión en miniatura de la administración Harding, que estaba por llegar. Con la protección de arriba, de parte del sobornable gobernador de Illinois, cuyo nombre era Ed Small, convirtió el edificio del Ayuntamiento en una gallina de los huevos de oro personal. Cada permiso, cada licencia, cada empleo ahora tenía un precio, incluso los recolectores de basura tenían que pagar cinco dólares al año para el Fondo Republicano por cada caballo y carreta.

Mientras tanto, nombró a una serie de jefes de policía corruptos, acabó con la División de Moralidad de Chicago y se aseguró de que los policías recibieran con regularidad el "consejo" de sus jefes políticos a nivel de distrito. También creó en cada uno de estos distritos lo que denominó "capitanías honorarias de distrito", una de las cuales se la dio a Colosimo en 1919, un año antes de lo asesinaran.

Colosimo fue asesinado únicamente porque no entendió la situación y su guardaespaldas Johnny Torrio sí lo hizo. La Prohibición había llegado y Johnny Torrio, amigo de George Remus, sabía que si se dedicaban al negocio de la bebida ganarían más dinero de lo que alguien pudiese imaginar jamás. Pero había algo más, Torrio tenía un familiar en la ciudad que no sólo estaba de acuerdo con él, sino que podía eliminar de una vez y para siempre la oposición de Colosimo: Un joven matón de Nueva York, cuyo nombre era Alfonso Capone.

7. Al Capone

De antecesores napolitanos, Al Capone nació en 1899 en la ciudad de Nueva York y se convirtió en un matón de poca monta, pero con gran ingenio. Capone trabajaba en los negocios del crimen organizado y como gorila en un prostíbulo de Brooklyn, donde debido a una pelea con navajas, recibió su apodo: "Cara cortada". Si hubiera permanecido en Nueva York quizá nunca hubiese sobresalido mucho. Pero en 1920, cuando se encontraba huyendo de la policía, recibió una invitación de suma importancia proveniente de Chicago. Se convirtió, de nombre, en el guardaespaldas de Torrio, no obstante, en realidad era su asesino a sueldo. Enviado por Torrio una noche a conocer a Colosimo en sus oficinas, dentro de su cantina, lo asesinó a balazos a sangre fría.

Desde entonces, existió una sola asociación: Torrio y Capone, Capone y Torrio. Se adueñaron de los burdeles de Colosimo y de inmediato entraron en el contrabando de licores a gran escala, bajo la protección del Alcalde y su policía. En 1923, cuando Thompson decidió no ser candidato de nuevo, dejando el camino libre a un candidato demócrata, ellos simplemente cambiaron de sitio sus operaciones ilegales a la vecina ciudad de Cicero, donde las siguientes elecciones locales fueron manipuladas, más o menos, literalmente hablando, a punta de pistola de sus sicarios. Cicero pronto se convirtió en una versión moderna de un pueblo fronterizo del salvaje Oeste, repleto de cantinas clandestinas y burdeles. Tenía un sitio con carreras de galgos y lo que probablemente fue en ese tiempo el casino con las apuestas más elevadas del mundo.

Con su territorio propio asegurado, ahora estaban preparados para regresar y reclamar el premio principal: Chicago. Esto los llevó a un enfrentamiento directo con la importante banda irlandesa de "Deanie" O'Bannion, un hombre genial, que había sido periodista y niño cantor de coro, y quien servía únicamente el licor más fino y dirigía la florería

Al Capone, uno de los personajes más famosos del crimen organizado de la historia.

Bugs Moran, lugarteniente de O'Bannion y enemigo a muerte de Capone.

de moda de la ciudad. Durante cierto tiempo, ambos bandos se estrecharon las manos. Sin embargo, en noviembre de 1924, en venganza por una triquiñuela que hizo que Torrio quedara fichado por la policía (y que después pasara nueve meses en prisión), O'Bannion fue asesinado por tres sicarios de Torrio en su florería, luego de que se presentaran para ordenar una corona de flores para un funeral.

La muerte de O'Bannion, quien fue sepultado en un funeral de gran clase, provocó una guerra generalizada por el control del comercio ilegal del licor en Chicago, con Torrio y Capone enfrentados a los lugartenientes y herederos de O'Bannion, Hymie Weiss y "Bugs" Moran, y también contra los cuatro hermanos de la familia siciliana Genna, quienes tenían una licencia para elaborar alcohol agrícola. La situación pronto se volvió demasiado peligrosa para Johnny Torrio, quien en 1925 se retiró a Nápoles, según se dice, llevándose consigo 50 millones de dólares.

Sin embargo, Capone tenía un carácter más fuerte y también era más astuto. Poco a poco eliminó a la familia Genna y mientras lo hacía, compró a políticos, jueces, periodistas y a los altos mandos policiacos, hasta que estuvo efectivamente en control, no sólo de todas las corporaciones policiacas y la opinión pública, sino también del Ayuntamiento. Entregó donativos enormes a la campaña de 1927 del alcalde "Gran Bill" Thompson, quien decidió contender de nuevo. Ya con su hombre asegurado en el cargo, recibía en audiencia a todos los que llegaban a verlo en cincuenta habitaciones ubicadas en dos pisos del Hotel Metropole, en el centro de la ciudad, donde se presentaba a los reporteros como un hombre de negocios excéntrico y filántropo. Incluso estableció cocinas de sopa en Chicago al principio de la Gran Depresión.

En 1929, después de haber eliminado a Hymie Weiss, por fin estuvo preparado para actuar

Los resultados de la Masacre del día de San Valentín, en 1929.

La ciudad de Chicago vio el encumbramiento de Capone
como un importante jefe del crimen organizado.

en contra de su último enemigo superviviente: Bugs Moran. Así que se le informó a Moran que podía recoger un embarque de alcohol ilegal robado, en el taller de una compañía de la calle Clark el Día de San Valentín; sin embargo, tan pronto como la gente de Moran llegó, así lo hicieron los sicarios de Capone, dos de ellos vestidos con uniformes de policías. Seis hombres de Moran fueron asesinados en lo que se conoció como la Masacre del Día de San Valentín, junto con un infortunado optometrista que le gustaba frecuentar matones. El mismo Moran sólo escapó de la muerte debido a que llegó tarde a la cita. En cuanto a Capone, ese día se encontraba de vacaciones en la bahía Biscayne, en Florida, y hablaba por teléfono con el Fiscal de Distrito de Miami en el momento de la sangrienta matanza en el taller de la compañía SMC Cartage.

Al final, Al Capone no fue llevado ante la justicia por la policía o el FBI, a pesar del mito de Elliot Ness y *Los Intocables*, sino por el servicio de recaudación de impuestos estadunidense. En 1931, fue juzgado por evasión fiscal y sentenciado a prisión durante once años. Para cuando salió, ocho años después, la mafia había hecho progresos y se había vuelto más sofisticada. Capone no sólo estaba más viejo, sino que casi había perdido la razón a causa de la sífilis tardía. Falleció ocho años después en su cama, en su casa de Florida. Bugs Moran le sobrevivió diez años más.

8. Nueva York

Lo que ocurrió en Chicago sucedió más o menos de la misma manera en Nueva York, excepto que ahí las ganancias fueron incluso mayores. Nueva York no sólo se encuentra cerca de la frontera canadiense, sino que también está en el océano Atlántico. Así que las bandas que lograron controlar el comercio de licor tenían a su disposición los muelles de la ciudad de Nueva York, así como las ensenadas y las caletas de Long Island. En efecto, ellas controlaban no sólo el aspecto de la distribución en la ciudad más grande de Estados Unidos, sino también sus puntos principales de entrada de productos.

Desde luego, Nueva York también era, y siempre ha sido, el punto de entrada más importante para otra valiosa mercancía: Los inmigrantes. Millones de personas, que huían de la pobreza, la intolerancia, el autoritarismo y la hambruna en Europa, habían hecho su primera llegada a tierra en la isla Ellis, antes de desembarcar en las atestadas calles y viviendas de la ciudad. Y una vez ahí, ellos tenían la tendencia natural a permanecer reunidos en sus vecindarios, con los recién llegados poniéndose al corriente con los de su misma clase. Desde luego, había hacinamiento, así como fricciones inevitables cuando ellos se codeaban y se daban empellones con comunidades de otras nacionalidades.

Las bandas que surgieron en los distritos donde se asentó cada oleada exitosa de inmigrantes eran tanto de soldados en

las guerras intercomunitarias, como de las fuerzas pacifica-
doras necesarias.

Éste fue, en primera instancia, un asunto de protección
real. Los soldados fueron una necesidad para protegerse contra la invasión y también, teniendo en cuenta que el pobre
siempre hará su víctima al pobre, contra el crimen, ya fuese
interno o proveniente del exterior. Ese territorio tenía que
ser defendido; los negocios dentro de éste tenían que ga-
rantizarse y las disputas tenían que solucionarse a través de
algún sistema que asegurara al menos una mínima cantidad
de justicia. Todo esto, en cada una de las comunidades que
sucesivamente se desarrollaron en las costas de Estados Unidos, se convirtieron en las funciones de los violentos, los

La ciudad de Nueva York fue considerada como un mundo feliz y una tierra
de oportunidades para muchos jóvenes ambiciosos del sur de Italia.

Los inmigrantes se convirtieron en una mercancía importante
para las bandas criminales de Nueva York.

temerarios, quienes encontraron más que suficiente materia
prima prometedora para sus ejércitos en los jóvenes ham-
brientos de dinero y progreso en el nuevo mundo feliz.

Durante la época de la Primera Guerra Mundial, los primeros inmigrantes del siglo XIX, en su mayoría irlandeses
y alemanes, que habían seguido este patrón, por lo general
habían logrado asentarse con éxito. Los alemanes habían establecido negocios o emigrado al oeste, mientras que los
irlandeses habían entrado a la política o al negocio de las
cantinas, aunque muchos se habían unido a la policía, donde
el empleo era estable y las oportunidades de ganar un dinero
adicional por otros medios eran excelentes. Sin embargo, los
recién llegados, entre ellos los italianos, los judíos y una segunda oleada de inmigrantes alemanes pobres, todavía iban
a dejar su huella. Fue de entre ellos que emergieron las ban-

Las personas eran reclutadas en las bandas criminales, incluso desde el momento en que pisaban por primera vez el suelo estadunidense en la isla Ellis.

das criminales y la mafia del periodo moderno; y la palabra "protección" adquirió su significado contemporáneo: El de protección en contra de los "protectores".

Desde luego, la protección en este sentido siempre había sido una especialidad de la mafia siciliana, pero eso también fue una consecuencia natural en las funciones de las bandas locales, cualquiera que fuese su nacionalidad. Esto también fue enormemente impulsado en las casas de los nuevos inmigrantes, en gran medida por dos elementos adicionales con los que se encontraron por primera vez: La industrialización y el incremento del movimiento sindical.

El chantaje laboral organizado y el "Pequeño Augie" Orgen

Tanto antes como después de la Primera Guerra Mundial, los nuevos sindicatos en Nueva York se pusieron a tratar de organizar sindicalmente cualquier industria que pudieran encontrar, desde los trabajadores de la industria del vestido, en fábricas donde los explotaban, hasta cargadores y estibadores en los muelles; esto lo llevaron a cabo mediante el empleo de la única arma que tenían en contra de los patrones: Las huelgas.

Los patrones respondieron al contratar rompehuelgas y terroristas a sueldo para intimidar a los huelguistas. En otras palabras, ambas partes se vieron en la necesidad de contar con la fuerza bruta: Los sindicatos para proteger a sus trabajadores huelguistas y los patrones para mantener alejados a los organizadores de sindicatos y para meter en cintura a los huelguistas. En otras palabras, las bandas criminales se convirtieron en los guerreros necesarios para ambos bandos en una lucha que no sólo cruzó las fronteras de la comunidad, sino que también se extendió por toda la ciudad. Y todas ellas usaron esto para lograr una ventaja considerable.

La mafia del moderno Estados Unidos surgió de aquellos cuya primera vista del país fue la Estatua de la Libertad.

Lo que eligieron hacer, en particular un visionario llamado Jacob el "Pequeño Augie" Orgen, fue jugar a estar en medio de ambos bandos, y volverse tan necesarios tanto para los patrones como para los sindicatos, que al final pudieron, poco a poco, obtener porcentajes, y a menudo grandes porcentajes, de las dos partes.

Desde el periodo posterior a la Primera Guerra Mundial se origina la participación continua y tortuosa de la mafia, tanto en los sindicatos como en una enorme variedad de negocios en apariencia legales, los cuales aún pagan cuotas a "los amigos".

El sistema de protección en dos sentidos se llegó a conocer por las fuerzas policiacas como chantaje laboral organizado y tuvo un efecto profundo en el crecimiento de lo que llegó a convertirse en la *Cosa Nostra* estadunidense en Nueva York. En sus inicios en la ciudad, derribó las barreras entre las comunidades de inmigrantes e hizo posible la cooperación de judíos, alemanes e italianos en el crimen. Cuando la Prohibición llegó con sus enormes y novedosas oportunidades, las semillas de una alianza poderosa se habían sembrado, una alianza que quedó simbolizada desde la primera vez que se encontraron dos de los hombres más importantes en la historia del crimen en Estados Unidos: Lucky Luciano y Meyer Lansky.

9. El siciliano y el judío: Lucky Luciano y Meyer Lansky

Meyer Lansky, quien nació en Grodno, Polonia, y cuyo nombre original era Maier Suchowjansky, arribó a Nueva York alrededor del año 1916, a la edad de catorce años. Según parece comenzó a trabajar como un aprendiz de ingeniería. Pero pronto se volvió parte de las riñas y conflictos de las calles de la parte baja del Este de Nueva York, dirigiendo con los judíos bandas criminales y combatiendo tanto por territorio como por su propia supervivencia. Fue en ese entonces, alrededor de 1917, que de alguna manera se cruzó en el camino con Lucky Luciano.

Meyer Lansky se convirtió en uno de los miembros más influyentes de la *Cosa Nostra*.

Lucky Luciano dijo que había tenido "una clase de entendimiento instantáneo" con su futuro cómplice por mucho tiempo: Meyer Lansky.

La historia de cómo se conocieron se cuenta de diversas maneras: Lansky defendía a una prostituta a quien le estaban dando una paliza. Él enfrentó a Luciano en una pelea callejera o se conocieron en la celda de una prisión con Bugsy Siegel. No obstante, el primer encuentro entre ellos, según Luciano, fue así: "Tuvimos una clase de entendimiento instantáneo. Puede parecer una locura, pero si alguien quiere usar la expresión 'hermanos de sangre', entonces Meyer y yo fuimos eso".

Luciano, el segundo miembro de lo que se convertiría en la asociación más importante en la historia de la mafia había nacido en Sicilia y su nombre original era Salvatore Lucania. Llegó a Nueva York con sus padres a la edad de diez años. Casi de inmediato tuvo problemas con la policía por robo y más tarde por tráfico de drogas y, según parece, para cuando conoció a Lansky, se había convertido en un pistolero a sueldo del "Pequeño Augie" Orgen, aunque también era hombre de confianza dentro de la familia de un viejo Don siciliano, de nombre Gisuppe Masseria. Luciano pronto le dio el puesto de estratega a Lansky en la banda del "Pequeño Augie", en los primeros años de la Prohibición. Sin embargo, no transcurrió mucho tiempo para que decidieran entrar al negocio del contrabando ilegal de licor, con un hombre que se supone que Lansky había conocido en un *bar mitzvah*, un hombre que los iba a sacar a ambos de las rudas calles: El legendario Arnold Rothstein.

Arnold Rothstein

Arnold Rothstein era alguien único en su clase. Si la mafia tenía *glamour*, entonces había sido él quien se lo había inyectado primero, al vestir con sombreros de ala ancha, sombreros fedoras, de copa alta, *smokings* y trajes de seda. Si la mafia se asociaba con casinos elegantes, entonces él fue quien inauguró el primero en la ciudad de Nueva York, y llevó la basura de las calles a los aterciopelados tapetes verdes. Si la mafia era sinónimo de Prohibición

Arnold Rothstein siempre se vistió impecable.

y la administración de cantinas ilegales, él fue el primero que pensó en grande, al traer de Europa barcos completos cargados de licor, todos los días. Y si lo que viene a la mente es el procedimiento de invocar la Quinta Enmienda, entonces también eso tiene que ver con Rothstein, pues su abogado asumió el derecho de invocar la Quinta Enmienda, insistiendo hasta llegar a la Suprema Corte de Justicia y luego vio cómo se convertía en ley.

Rothstein no fue un niño pobre callejero, como el resto de los primeros gánsteres judíos, hombres como Lansky y el "Holandés" Schultz. Su padre, un hombre religioso, generoso con instituciones caritativas y bien relacionado políticamente, era propietario de una mercería, una fábrica de algodón y una casa en la parte alta del Este de Nueva York.

Sin embargo, desde la edad de quince años, Rothstein parecía haberse sentido atraído por la vida delictuosa y la turbulencia de los barrios del centro de la ciudad: Las apuestas, las estafas, el licor ilegal. Quizá haya deseado portarse bien, pero fue su padre al final quien lo ayudó a tomar una decisión. Cuando se casó con una *shiksa* (joven que no es judía), fue desheredado y declarado muerto, y ahí acabó todo.

Primero trató de dedicarse al juego, el cual continuó siendo su mayor pasión hasta su muerte. Y fue mediante el juego que se convirtió en una leyenda en el bajo mundo por primera vez, cuando al enfrentarse contra un apostador, un tahúr del juego traído especialmente desde Filadelfia para enseñarle una lección, le ganó, así como a todos los que habían apostado por éste, en una sesión de cuarenta horas, por pura habilidad personal.

En ese punto, las puertas comenzaron abrirse para él y pronto se convirtió en el protegido del "Gran Tim" Sullivan, el líder político de la parte baja del Este de Nueva York. Con la ayuda de Sullivan inauguró un lujoso casino en el centro de la ciudad y se convirtió en la llave de entrada para los neoyorquinos ricos que deseaban pasar un rato de diversión.

Con más dinero ganado en el casino de lo que se podía gastar en su persona y dando audiencias cada noche en el restaurante Lindy's de Broadway, Rothstein ahora ingresaba a una nueva profesión, como banquero del bajo mundo, financiando cualquier proyecto que cautivara su imaginación: Drogas, burdeles, peleas arregladas. Si Gatsby en la novela de F. Scott Fitzgerald, *El gran Gatsby*, está basada en el con-

La mafia amasó una fortuna con los pasatiempos
más glamurosos, como el juego.

trabandista de alcohol de Cincinnati, George Remus, entonces Rothstein sería Meyer Wolfhiem, el hombre que en
la novela arreglaba fraudulentamente la Serie Mundial de
beisbol de 1919, a pesar del hecho de que Rothstein se negó
a hacerlo. En una ocasión dijo que era una muy buena idea,
pero que crearía demasiado alboroto si llegaba a descubrirse.

No obstante, estuvo de acuerdo en respaldar la primera
operación de venta ilegal de alcohol después de la aprobación
de la Ley Volstead, pero sólo con la condición de que fuese más que un inversionista: En esta ocasión él tenía que ser
el jefe. Así que compró lanchas muy rápidas para traer el
alcohol ilegal de los barcos que solicitaba, mientras ellos esperaban en aguas internacionales; le pagaba a los policías

en cada punto del camino a Nueva York y empleaba como pistoleros y choferes a un gran número de hombres que después se iban a convertir en líderes de bandas de la mafia de la ciudad: Siegel, Luciano, Lansky, Schultz, Louis Lepke, "Piernas" Diamond, Frank Costello (su nombre verdadero era Francesco Castiglia) y otros más.

Esto lo hizo por el dinero, pero también por pasar un buen rato, aunque los buenos momentos no iban a durar mucho. El domingo 24 de noviembre de 1928, recibió una llamada telefónica en Lindy's, mediante la cual le solicitaban reunirse para hablar respecto a una deuda de juego que tenía con un hombre de California. Desde su punto de vista, el resultado del juego había sido arreglado fraudulentamente, así que se había rehusado a pagar. Sin embargo, no asistió armado a la reunión en el hotel Park Central, ya que eso iba en contra de la etiqueta. Al final recibió un balazo en el estómago, estando todavía en el vestíbulo del hotel. Falleció en el hospital Polyclinic unos días más tarde, después de una visita de su asombrada esposa.

"Piernas" Diamond y sus socios.

10. Nueva York y la Prohibición

La Prohibición en Nueva York fue una farsa. Para el año de 1922 habían al menos 5000 cantinas ilegales en la ciudad y en 1927 más de 30 000, dos veces más que el número de bares, restaurantes y clubes nocturnos que existían en Nueva York antes de que comenzara la Prohibición. De acuerdo con el escritor Robert Benchley, sólo en la calle 52 había 38 cantinas y esto era muy aparte de los clubes nocturnos elegantes como el Stork Club, inaugurado en 1927 por un contrabandista de licor de Oklahoma, de nombre Sherman Billingsley, con dinero proporcionado por Frank Costello. El Stork Club, en donde el famoso columnista Walter Winchell se sentaba a observar la vida nocturna cada noche de la semana, fue cerrado sólo una vez en toda su historia, y esto fue más tiempo que la cantina MacSorley's, en Greenwich Village, que era el "abrevadero" favorito de la policía y los políticos. MacSorley's ni siquiera pretendió cambiar su famosa cerveza a la cerveza "aproximada" permitida. Sino que se mantuvo haciendo lo que siempre había hecho, todo de forma abierta.

Desde luego, lo que la ciudad de Nueva York también tenía eran 17 000 policías, apoyados por 3000 policías estatales, 113 jueces de la Suprema Corte y 62 fiscales del Condado. También tenía agencias federales, para no mencionar cientos de agentes de la Prohibición. Sin embargo, todo el Sistema de Justicia estaba tan corrompido por la inmensa cantidad de dinero obtenido por los contrabandistas de licor

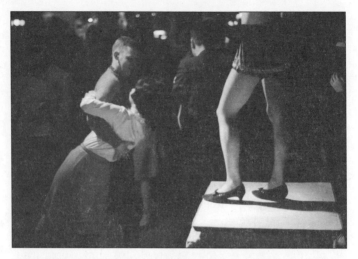

En 1927 había 30 000 cantinas ilegales únicamente en la ciudad de Nueva York.

y las cantinas ilegales, que los juicios exitosos en contra de los grandes jugadores eran extremadamente raros. En todo caso, no se contaba con el más mínimo apoyo de la oficina del Alcalde, que estuvo ocupada hasta 1929 por Jimmy Walker, quien era prácticamente un agente electoral de la maquinaria política demócrata de Tammany Hall, encargado de componendas y arreglos a cambio de votos. Y también muy poco se podía esperar del gobernador del Estado, Al Smith, quien creía que la Prohibición era una insensatez y así lo expresaba a menudo.

El resultado fue que todos participaron en estas actividades, las cuales cada vez eran más controladas por lo que se convertiría en la versión neoyorquina de la *Cosa Nostra*. Los cargadores de los muelles, los pescadores, los policías, los jueces, los taxistas, todos metieron las manos, no sólo en el licor proporcionado, sino también en el profundo mar de dinero que pronto se derramó en todos los bancos. Lucky

Luciano después se jactaría de los banqueros que conocía, las fiestas elegantes a las que se le había invitado en Whitney's, en Long Island y los boletos del mercado negro para la pelea de Jack Dempsey contra Luis Ángel Firpo, en 1923, que les había proporcionado a todos sus amigos de la alta sociedad. También después dijo que no sólo controlaba a cada una de las delegaciones de policía de la ciudad, sino que su repartidor de dinero personalmente le entregaba 20 000 dólares al mes al comisionado de Policía, Grover A. Whelan. Cuando Whelan resultó muy perjudicado por la caída de Wall Street, Frank Costello le prestó 35 000 dólares sólo para sacarlo de apuros.

El columnista Walter Winchell fue uno de los más famosos invitados del Stork Club.

Jimmy Walker, alcalde de
Nueva York hasta 1929.

No obstante, hubo algunos beneficios pequeños que llegaron a Nueva York, y a todas partes, como resultado de la Prohibición: El hecho de que las mujeres fueran admitidas en las cantinas ilegales después de que se les había prohibido por mucho tiempo; y el descubrimiento del cóctel, inventado para disfrazar el horrible sabor que a menudo tenía el alcohol que se vendía. Sin embargo, los perjuicios superaron por mucho a los beneficios y el mayor daño de todos fue que Estados Unidos, en cierto sentido, perdió su inocencia. El desafiar la ley durante la Prohibición se convirtió en una moda para los estudiantes, la juventud de esa época y la respetable clase media; como si fuera una expresión de libertad personal, mientras que los mafiosos detrás de bambalinas, que proporcionaban los medios para desafiar la ley, se convirtieron, efectivamente, en héroes románticos. En otras palabras, no sólo se coludieron el crimen y la política, sino el crimen y la misma sociedad. La Prohibición, como el crítico Karl Kraus alguna vez dijo acerca del psicoanálisis, resultó ser una enfermedad cuando pretendía ser la cura. Esto bien podría haber sido una lección que Estados Unidos pudo haber incluido en sus futuras campañas contra el comunismo y contra las drogas, pero la cual nunca se aprendió. Y de nuevo, la mafia demostró ser la beneficiaria.

Al Smith, gobernador del Estado, se oponía a la Prohibición y contribuyó muy poco para ayudar a las autoridades a atrapar a los contrabandistas de licor.

La batalla por el control:
La comisión Nueva York

La Prohibición también tuvo un efecto más. Con la atención de todos en el alcohol ilegal, incluso hasta en los más encumbrados niveles de gobierno, se le permitió a la mafia en términos generales continuar con sus negocios como siempre: Extendiendo sus tentáculos cada vez más a fondo en los sindicatos, los mercados de productos agrícolas, la industria de la construcción, el juego, las máquinas tragamonedas, la prostitución y, por primera vez, el tráfico de drogas (las posibilidades de las drogas fueron sugeridas por Arnold Rothstein). Había poca interferencia de la policía, pues las

Lucky Luciano tendría que conseguir el apoyo de los sicilianos
para unir a las bandas criminales en pugna en Nueva York.

dependencias federales, e incluso el Servicio de Aduanas que estaba muy activo en el estado de Nueva York, nunca pudieron descubrir más de un cinco por ciento del alcohol ilegal que se filtraba a través de la frontera con Canadá y de los barcos de los contrabandistas anclados en mar abierto, más o menos algo parecido a lo que ocurre en la actualidad con las dependencias federales combinadas con respecto a la cocaína y la heroína.

De hecho, la única amenaza real provenía de las otras bandas, de los competidores en la lucha generalizada en que se convirtió la Prohibición. Por lo general, los camiones eran secuestrados, los embarques eran robados y los territorios invadidos. Después de todo, se trataba de individuos que luchaban por obtener grandes utilidades y existía una multitud de delincuentes jóvenes en busca de mayores tajadas de las ganancias. Sólo que no existía ninguna disciplina y mientras más caos había, peor se volvía la situación para las actividades comerciales en común, ya que la policía y los políticos estaban atados moralmente a ponerse de pie y hacer algo de cualquier modo.

Y fue debido a esto que Lansky y Luciano, junto con su amigo Vito Genovese, decidieron emprender la gran estrategia dirigida a lograr unificar a las bandas en pugna de Nueva York bajo un mando único. Pero primero tendrían que crear una base de poder para ellos, la cual pudiesen llevar a la mesa de negociaciones. Es probable que Lansky tuviera suficiente

Joseph Kennedy fue una fuente de inspiración en los negocios para Lansky y Luciano.

influencia en ese momento, como un manipulador detrás de bambalinas, para llevar a las bandas judías a ponerse de su parte. Sin embargo, Luciano tenía que tener seguros a los sicilianos.

Luciano y el "Mostacho Petes"

Los dos jefes sicilianos más poderosos de Nueva York durante la década de 1920 eran dos Dones de la mafia al viejo estilo, Giuseppe Masseria y Salvatore Maranzano. Ellos siempre habían sido rivales y Luciano, como guerrero de Masseria, o quizá *consigliere*, pronto se vio involucrado inevitablemente. Por toda su importancia, o quizá a causa de ésta, Maranzano decidió darle una lección al viejo estilo siciliano, así como inducirlo a cambiar su lealtad. Luciano fue secuestrado, colgado del techo de sus pulgares y luego torturado. El mismo Maranzano le rebanó el rostro con una navaja, una herida que necesitó cincuenta y cinco puntadas y que dejó caído permanentemente un lado del rostro de Luciano. Fue "afortunado"[1] de haber sobrevivido. Maranzano finalmente lo dejó ir, pero para entonces ya le había fijado un precio: El asesinato de Masseria a cambio de tener el puesto número dos en la familia Maranzano.

Por consiguiente, Masseria fue asesinado a balazos a mitad de una cena en un restaurante de Coney Island, después de que Luciano, su compañero de cena, se había dirigido al baño. Maranzano se proclamó el *capo di tutti capi* de las familias sicilianas de Nueva York. Sin embargo, Luciano, Lansky y Genovese tenían otras ideas. Y unos meses después, en 1931, cuatro de sus hombres, haciéndose pasar como investigadores del servicio de recaudación de impuestos, llegaron a las oficinas centrales de Maranzano en la Park Avenue y exigie-

---

[1]   La palabra "Lucky" significa "afortunado" en español, de ahí su apodo.

ron ver tanto al jefe como sus libros contables. Maranzano fue asesinado a puñaladas en su oficina privada.

Aprovechando su victoria, Luciano y Lansky asumieron la idea de Maranzano. Impusieron orden y el control central de lo que llegó a conocerse como "las cinco familias de Nueva York". Sin embargo, en lugar de hacer que alguno de ellos se convirtiera en el *capo di tutti capi*, establecieron una junta de directores, la Comisión Nueva York, en ocasiones conocida como el Sindicato Nacional del Crimen y, junto con ésta, una división para imponer el orden, la cual se llamó *Murder Incorporated*.[2] En todo esto, Luciano fue el primero entre iguales. Él fue, por encima de todos, quien llevó a la mafia, ahora unificada tanto con judíos como con italianos, a una verdadera nueva era. Uno de los asociados diría más tarde de Luciano y Lansky: "Si hubiesen sido Presidente y Vicepresidente de Estados Unidos, habrían ejercido el cargo muchísimo mejor que los políticos idiotas".

A estas fechas, casi con toda seguridad, ellos habían aprendido mucho de los bancos extranjeros y las casas comercializadoras de importaciones y exportaciones, los cuales habían ayudado a financiar los embarques de alcohol ilegal que habían dado de beber a los Estados Unidos de la Prohibición. También habían aprendido de Joseph Kennedy, el padre del presidente John F. Kennedy, la forma de ocultar sus incursiones ocasionales en el contrabando de licor detrás de un escudo protector de empresas. Pero entre ellos, Lansky —cuya primera gran pasión continuaban siendo los casinos, los que había visto con su jefe Arnold Rothstein cuando era joven— y Luciano —quien después de la guerra se convirtió en el representante del crimen organizado estadunidense en

---

[2]   (N. del T.) "Murder Incorporated", sería el equivalente en español de: "Asesinatos Sociedad Anónima"

Europa—, hicieron todo lo necesario por expandir el alcance y la influencia de la mafia en Estados Unidos y más allá.

Fue Luciano quien primero introdujo a la mafia en el tráfico de drogas. Y fue Lansky, el gran estratega, quien transfirió el dinero y el poder de la mafia a Las Vegas, el cine y los negocios legales en todo el país. Lansky dijo en la década de 1970 (y quizá él era el único que realmente lo sabía): "Somos más grandes que la industria del acero estadunidense".

El alcalde de Nueva York, Fiorello La Guardia, le envía un mensaje al Holandés Schultz, advirtiéndole que no vuelva a traer a la ciudad su imperio del juego.

11. El final de la Prohibición y el inicio de una nueva era

La Prohibición finalmente concluyó en 1933 y es muy ilustrativo que muchos de los principales participantes en los negocios ilícitos de este periodo, de inmediato invirtieron en negocios lícitos precisamente con la mercancía con la cual habían amasado inmensas cantidades de dinero.

Joseph Kennedy se convirtió en el distribuidor estadunidense del *whisky* Haig & Haig y la ginebra *Gordon's*; Frank Costello inauguró *Alliance Distributors*, que vendía las mismas marcas que había hecho populares en el negocio ilegal. Samuel Bronfman, el más importante contrabandista canadiense de licor, estableció una compañía denominada *Seagrams*, y Luciano, Lansky y uno de sus sicarios, Benjamin "Bugsy" Siegel, iniciaron la empresa *Capitol Wine and Spirits*, que se especializó en los vinos y licores más caros del mercado.

La mafia o *Cosa Nostra*, identificada por primera vez en 1984 por el Don siciliano mencionado con anterioridad, Tommaso Buscetta, continuó, desde luego, con muchas otras actividades. Sin embargo, la mejor forma de contar esta parte de la historia de la organización es ir hacia atrás y a la vez adelante, así como revisar las carreras criminales de varios hombres que ayudaron a crear la tan importante Comisión Nueva York y su división de asesinos, *Murder Incorporated*, que a su vez la impusieron: El Holandés Schultz, Louis Lepke, Alberto Anastasia, Bugsy Siegel y el mismo Meyer Lansky.

En cuanto a Lucky Luciano, quien solía desayunar casi todos los días con Lansky en un restaurante de *delicatesen*, en la calle Delancy, fue encarcelado en 1936 con una acusación inventada de prostitución organizada y fue puesto fuera de circulación en la prisión de Sing Sing. En fecha posterior, dijo que había sido traicionado por el presidente Roosevelt, a quien había apoyado en las elecciones de 1935.

¿Acaso el presidente Roosevelt
traicionó al Lucky Luciano?

Roosevelt, a través de un intermediario, había ofrecido detener, en beneficio de Luciano, las investigaciones del juez Samuel Seabury. Pero no lo hizo. Como Presidente, las apoyó aún más y Luciano se convirtió en su víctima principal. Fue sentenciado a una pena entre treinta y cinco y cincuenta años de prisión. No obstante, sus mejores días estaban todavía por venir.

El Holandés Schultz

El Holandés Schultz no era holandés en absoluto, era alemán, y su apellido no era Schultz, sino Flegenheimer. Su padre tenía una cantina y una cuadra de caballos de alquiler en lo que se conocía como el Harlem Judío, sin embargo, abandonó a su familia en 1916; eso afectó bastante a su hijo

El Holandés Schultz; una corista en una ocasión dijo que se parecía a Bing Crosby, pero con el rostro golpeado.

Arthur. Después de salir de la cárcel a la edad de dieciséis años, tras una condena de 18 meses por robo, tomó prestado el nombre de un miembro legendario de la antigua banda del Hoyo de la Rana y puso manos a la obra.

Una corista dijo en una ocasión que se parecía a Bing Crosby, pero con el rostro machacado a golpes. El Holandés ciertamente no era guapo, pero en ese entonces no lo necesitaba ser. A mediados de la década de 1920, después de viajar con un rifle cuidando los camiones de licor de Arnold Rothstein, reunió a la banda más criminal de Nueva York, que operó principalmente en el Bronx. Ellos brindaban protección a uno de los restaurantes más lujosos de los suburbios. Entraron al negocio de las máquinas tragamonedas y la lotería ilegal, venta de licor, restaurantes, sindicatos, apuestas, carreras de caballos y peleas de box arregladas. Al inicio de la década de 1930, se decía que el Holandés, quien tenía una reputación de tacaño, ganaba 20 millones de dólares al año.

No había llegado a ser rico distinguiéndose por su amabilidad. Sencillamente golpeaba o eliminaba a cualquiera que le estorbara en su camino. Sacaba por la fuerza a su competencia; por ejemplo, llegaba a la lotería ilegal simplemente convocando a una reunión, colocaba su pistola calibre .45 en la mesa y decía: "Soy tu socio". Cuando "Piernas" Diamond tuvo que salir de Nueva York después de matar a un borracho, el Holandés se apropió de sus camiones de licor y luego, cuando "Piernas" protestó, lo asesinó.

Evitaba ser arrestado en la forma usual, le pagaba a la policía y proveía fondos para las campañas y votos para todos los políticos de importancia, en particular al fiscal de distrito, William Copeland Dodge. No obstante, una soga de demandas judiciales se fue ajustando en forma gradual alrededor de su cuello. Logró ser absuelto de una acusación de evasión fiscal en Siracusa, en 1933, pero en 1935 se enfrentó a otra, en esta ocasión presentada por el fiscal especial Thomas Dewey. Sus abogados finalmente tuvieron éxito al cambiar el juicio a un pequeño pueblo en las orillas del estado, y el consenso fue, según las palabras de Lucky Luciano: "El bocón nunca va a regresar".

No obstante, Schultz vivió varios meses en el pequeño pueblo de Malone, Nueva York, antes del juicio. Mientras se llevaba a cabo el proceso, entabló amistad con los habitantes, se vestía con modestia e incluso se convirtió al catolicismo en la

El fiscal especial Thomas Dewey intentó llevar a juicio a Schultz por evasión fiscal, en 1935.

pequeña iglesia del pueblo. Cuando se libró del juicio, le dijo a los reporteros: "En este mundo cruel no hay lugar para los imbéciles. Y ustedes pueden decirle a esos tipos listos en Nueva York que el Holandés no es un imbécil."

Sin embargo, los "tipos listos en Nueva York" ya no querían más al Holandés en su territorio. Fiorello La Guardia, quien sucedió en el cargo a Jimmy Walker como alcalde de Nueva York, le envió un mensaje mediante el cual le advertía que no regresara y comenzó, literalmente, a destrozar su imperio del juego. Se tomó fotografías donde destruía con un mazo las máquinas tragamonedas del Holandés. Thomas Dewey comenzó a preparar otro caso, en esta ocasión en contra de sus negocios ilícitos en restaurantes. Sus operaciones se fueron desbaratando cuando otros mafiosos empezaron a entrar en ellas.

Fue exiliado a Newark, Nueva Jersey, donde estableció sus oficinas generales en un restaurante de nombre Palace Chop House. Entonces, más o menos a finales del otoño de 1935, después de haber matado a uno de sus lugartenientes por haber conspirado con Luciano, convocó a una reunión del Sindicato y exigió el asesinato de Thomas Dewey. El Sindicato se rehusó, ya que se trataba de alguien en un cargo muy elevado. Su respuesta fue que él mismo iba a asesinar a Dewey y así firmó su misma sentencia de muerte. En octubre, junto con sus lugartenientes, fue abatido a balazos en el Palace Chop House por asesinos de *Murder Incorporated*. Tenía treinta y tres años.

Louis Lepke

Louis Lepke, abreviación para "Lepkele" o "Pequeño Luis", nació en Williamsburg, Brooklyn, en 1897, y tenía como nombre de nacimiento Louis Buchalter. Su padre, el pro-

Louis Buchalter, más conocido como Louis
Lepke, Lepkele o Pequeño Luis.

pietario de una fe-
rretería en la par-
te baja del Este de
Nueva York, falleció
de un ataque al co-
razón cuando tenía
trece años y su ma-
dre se mudó poco
después a Colorado.
Entonces, el Peque-
ño Louis creció en
las calles. Comenzó
a frecuentar a ma-
tones y pronto tuvo
problemas con la
ley. Fue sacado de
la ciudad y enviado
a vivir con su tío
en Connecticut y
después a un reformatorio, del cual pronto se graduó para
lograr un ascenso, alrededor de la fecha de su cumpleaños
número veintiuno, primero a la prisión Tombs de Nueva
York y después, a Sing Sing, donde adquirió el sobrenombre
del "Juez Louis."

De regreso a las calles en 1923, ingresó al negocio de la
protección con un viejo amigo, Joseph "Gurrah" Shapiro;
los dos fueron conocidos como los "Muchachos gorilas" y
se especializaron en panaderías. Sin embargo, no les llegó su
gran momento hasta que comenzaron a trabajar para Arnold
Rothstein, quien traficaba en grande con licor y también
con drogas, o eso era lo que se decía. Pronto se cambiaron al
sector sindical, donde cuidaban a los trabajadores en contra
de los patrones, quienes contaban con grupos de gorilas, y
viceversa, y luego trabajando para ambos. Se iniciaron en

esto con un verdadero experto, el "Pequeño Augie" Orgen, quien fue su mentor principal. Pero para 1927, Orgen simplemente les estorbaba en su camino. Así que el 15 de octubre, lo asesinaron a balazos enfrente de la sede de su club. Para el inicio de la década de 1930, regían el ámbito laboral. Controlaban a pintores, camioneros y operadores de películas, estaban en plena expansión hacia el negocio de las drogas y todavía recibían 1.5 millones de dólares al año de las panaderías. Ahora se les conocía, ya no como los "Muchachos gorilas", sino como los "Gemelos polvo de oro."

En 1933, con la formación del Sindicato, Lepke se convirtió en director de la Junta Directiva y en uno de los miembros fundadores de *Murder Incorporated*, el brazo ejecutor de asesinos por contrato, entre quienes se encontraba un matón de Brooklyn llamado Abraham "Kid Twist" Reles. Sin embargo, ese mismo año Lepke fue acusado por un gran jurado federal de violación de las leyes anti-monopolio. Y a pesar de que al final se libró de esto, los federales comenzaron

Lepke pasó a mejor vida al ser condenado a la silla eléctrica en 1944.

a cercarlo con acusaciones de narcotráfico y la oficina del Fiscal de Distrito de Brooklyn, con una investigación por crimen organizado. En el verano de 1937, él y "Gurrah" Shapiro se dieron a la fuga y pronto se convirtió en el hombre más buscado en la historia de Estados Unidos.

Mientras se escondían intentaron silenciar a los posibles testigos en su contra, pero el alboroto público se volvió demasiado grande. En agosto de 1940, se entregó, con el entendimiento de que enfrentaría cargos federales por narcóticos, en lugar de una sentencia estatal por asesinato. Fue sentenciado a catorce años y trasladado a la penitenciaría de Leavenworth, Kansas.

Entonces Abe "Kid Twist" Reles, uno de los asesinos ejecutores que había contratado en los viejos tiempos, comenzó a cantar. Durante seis meses, Reles fue mantenido en un hotel en Coney Island, mientras proporcionaba evidencias para varios juicios consecutivos. El 12 de noviembre de 1941, se encontró su cadáver; al parecer había saltado desde la ventana de un sexto piso, pero ya era demasiado tarde para Louis Lepke. Reles se había presentado ante la audiencia de un gran jurado para proporcionar evidencia en su contra, evidencia que podría ser y fue usada en un tribunal.

Louis Lepke y dos de sus lugartenientes, Mendy Weiss y Louis Capone, fueron juzgados por asesinato y condenados a la pena de muerte. Fueron ejecutados en la silla eléctrica en la prisión de Sing Sing, el 4 de marzo de 1944. El asesinato de Reles, que sacó del apuro a Alberto Anastasia y a Bugsy Siegel, es probable que haya sido planeado por Frank Costello.

Alberto Anastasia

Alberto Anastasia parece haber llegado a Nueva York, proveniente de Sicilia, como un inmigrante ilegal durante la Primera Guerra Mundial. Pero pronto inició su carrera criminal, como muchos otros líderes de la mafia, en la banda del "Pequeño Augie" Orgen.

El asesinato de Orgen por los hombres de Lepke en 1927, dividió a la banda en varias facciones y Anastasia pronto se unió a la suerte de los tres hombres que iban a reformar y reorganizar a la mafia a nivel nacional: Meyer Lansky, Vito Genovese y Lucky Luciano. Se convirtió en uno de sus guardaespaldas y asesinos a sueldo, junto con Bugsy Siegel. Y cuando la Comisión Nueva York, o Sindicato Nacional del Crimen, finalmente quedó establecida, se convir-

Alberto Anastasia comenzó su vida de mafioso en la banda del "Pequeño Augie" Orgen.

tió en uno de los dos padres fundadores de su división de imposición, encargándose de los asesinatos por contrato a larga distancia.

No obstante, en 1940 Abe Reles, uno de sus asesinos por contrato, se convirtió en soplón y comenzó a proporcionar evidencia detallada acerca de docenas de asesinatos en los que Anastasia había estado implicado. Éste se escondió y sólo volvió a resurgir en noviembre de 1941, cuando Reles tuvo su infortunado "accidente", al fallecer por una caída desde la habitación del hotel donde el fiscal de Distrito de Brooklyn lo había escondido, bajo supuesta protección policiaca.

Nadie fue acusado jamás por la muerte de Reles. Sin embargo, el caso contra Anastasia, con Reles fuera del camino, se derrumbó y éste quedó en libertad de jugar su parte —después de la Segunda Guerra Mundial y del exilio de Lucky Luciano a Italia—, en las batallas de los mafiosos por el control de las operaciones de juego y drogas de Luciano en Estados Unidos. Anastasio surgió como la cabeza de la familia Mangano. Pero su estilo de hacer negocios y su creciente ambición, no fueron del agrado de los jefes de los otros clanes. Así que el 25 de octubre de 1957, cuando Anastasia bajó a la peluquería del sótano del hotel Park Sheraton para su corte de cabello habitual, dos hombres lo siguieron y lo mataron a balazos con pistolas automáticas, cuando se sentaba en el sillón del peluquero. Luego tiraron al suelo sus pistolas, subieron a la planta baja, al nivel de la calle, y desaparecieron.

Ocho años después, un pistolero de la mafia llamado Joe Valachi, afirmó que el asesinato de Anastasia fue ordenado

¿Ordenó Vito Genovese el asesinato de Anastasia porque estaba invadiendo su territorio?

Joe Valachi, uno de los rarísimos testigos de la mafia de la historia. Fue mediante sus testimonios que muchas de las actividades internas de la mafia se revelaron por primera vez.

por uno de sus antiguos asociados, Vito Genovese, debido a que estaba invadiendo su territorio. Los miembros de la Comisión tuvieron que estar de acuerdo. Desde luego, en los viejos tiempos, en este punto habrían acudido a *Murder Incorporated* y al mismo Alberto Anastasia.

Valachi, un testigo de la mafia, una de esas raras especies en extinción, también reveló por primera vez dos situaciones interesantes acerca de la *Cosa Nostra* estadunidense: Primero, que los *capi* mismos no tenían participación directa en ningún crimen de ninguna clase, únicamente a través de intermediarios; y segundo, que sus ganancias ya eran en ese tiempo "lavadas" a través de negocios legítimos.

Benjamin "Bugsy" Siegel

Bugsy Siegel se encontraba ahí justo al inicio de la renovada mafia de Nueva York. Pero estaba en una celda de prisión, así que una de las historias que surgió fue que Lucky Luciano primero se unió con Meyer Lansky. Siegel fue uno de los cuatro pistoleros que asesinaron a Giuseppe Masseria y uno de los cuatro "inspectores del servicio de recaudación de impuestos" que par-ticiparon en el asesinato de Salvatore Maranzano, el despiadado aspirante a *capo di tutti capi* del bajo mundo de la ciudad.

Él también fue nombrado, junto con Meyer

Bugsy Siegel, el padre fundador de Las Vegas.

A Clark Gable y a Jean Harlow
se les veía frecuentando
los establecimientos de
Siegel en Las Vegas.

Lansky, miembro de la junta directiva de la Unión Siciliana, uno de los primeros intentos de formar una comisión que guiara el poder de la mafia en todo el territorio nacional. Quizá no entendía mucho de política, pues después de todo se inició como un ladrón de coches de poca monta y como chofer de camiones con alcohol ilegal, así que dejó esa clase de actividades, en todo caso, a Luciano y Lansky. Pero conocía a la gente apropiada. Era alguien con buena presentación y en 1935 debe haber parecido la elección ideal para ser la punta de lanza en la expansión de las operaciones de las familias de Nueva York a la costa Oeste.

Luego de asociarse en el sur de California con el crimen organizado local, dirigido por Jack Dragna, Siegel

Los casinos siempre fueron populares durante la época de la Prohibición, pero en Las Vegas se convirtieron en empresas legítimas.

se dedicó al tráfico de drogas y administró una serie de clubes de juegos y de barcos casinos anclados en alta mar, en representación de sus jefes de Nueva York, tanto antes como después de la Segunda Guerra Mundial. Con la ayuda de su amigo, el actor George Raft, y con sus rudos impulsos

Se dice que Howard Hughes (derecha) financió gran parte del casino de Bugsy Siegel (izquierda), *El Flamingo*.

calmados por una millonaria divorciada conocida como la condesa Dorothy Di Frasso, se desenvolvió con gran naturalidad en los mejores círculos de Hollywood. Mantenía una buena amistad con personas como Jean Harlow, Clark Gable y Gary Cooper, y además era como un imán para todas las jóvenes aspirantes a estrellas. Siegel se adaptó de forma excelente a todo esto.

El juego y las estrellas de cine: Ésta fue la combinación que iba a producir una de las mayores contribuciones de Siegel a la historia de la mafia. En 1945, sugirió a sus jefes la idea de construir un casino y hotel en el desierto de Nevada, en un lugar llamado Las Vegas. Él invirtió 3 millones de dólares, algo de ese dinero se dice que era de Howard Hughes, y la Comisión pronto organizó un préstamo para igualar su inversión. El casino, dijo, se llamaría El Flamingo, un nombre sugerido por su amante Virginia Hill. Además, habría una gran inauguración, con toda la realeza de Hollywood presente.

Sin embargo, pronto llegaron noticias otra vez a los jefes, de que el dinero estaba desapareciendo durante la construcción de El Flamingo, algo de ello escondido en el extranjero; así que en una reunión informal de jefes, en La Habana, Cuba, se tomó una decisión: Siegel tendría que pagar con intereses la inversión de la mafia de la costa Este, tan pronto como se inaugurara el hotel casino. Sin embargo, continuaron los problemas y la gran inauguración que Siegel había planeado resultó ser un desastre. El mal clima mantuvo a los aviones en tierra en el aeropuerto de Los Ángeles y las estrellas nunca aparecieron. En dos semanas, El Flamingo había cerrado después de perder 100 000 dólares.

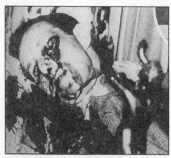

Bugsy Siegel es asesinado en Los Ángeles, el 20 de junio de 1947.

Bugsy no pudo pagar y sus viejos amigos en Nueva York ya no pudieron protegerlo más. Fue un asunto de negocios, se tenía que dar un ejemplo. Así que la noche del 20 de junio de 1947, Siegel fue acribillado mientras estaba sentado en la sala de Virginia Hill, en su casa de la calle Linden, en Los Ángeles. La bala final, la "tarjeta de presentación", fue disparada contra su ojo izquierdo. Únicamente cinco personas asistieron a su funeral.

El Flamingo volvió a iniciar de nuevo sus operaciones, no mucho tiempo después, con una nueva administración. Pronto le siguieron dos casinos más en Las Vegas: el Tropicana, controlado por Frank Costello, y el Thunderbird, controlado por Meyer Lansky.

Meyer Lansky y el periodo posterior

Uno de los problemas de escribir acerca de la mafia en Estados Unidos es que fue descrita durante décadas como inexistente, como un espejismo. Así tenemos, por ejemplo, que las raíces del tráfico de heroína y cocaína en el que Estados Unidos y muchos otros países occidentales están enredados, permanecen ocultos, fuera de la vista, a pesar de que existe en la actualidad la opinión general de que fueron Lansky y Luciano quienes metieron a la mafia de forma organizada en este camino. Se dice que el mismo Lansky se volvió adicto a la heroína después de que su hijo nació con parálisis, y que sufrió el síndrome de abstinencia en un escondite en Massachusetts, cuidado por un matón de nombre Vincent "Jimmy ojos azules" Alo, quien se convirtió en su amigo para toda la vida.

Sin embargo, después de eso, y después del encarcelamiento de Luciano, Lansky se retiró cada vez más y más a

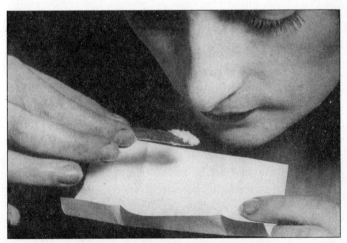

Se dice a menudo que Lansky y Luciano fueron los que
instigaron a la mafia a dedicarse al tráfico de drogas.

la vida privada y según parece vivió tranquilo en una casa, en un fraccionamiento de Miami, mientras encaminaba las operaciones de la mafia al juego y las apuestas en Las Vegas, las Bahamas y Cuba.

En 1970, después de escuchar que enfrentaba acusaciones por evasión fiscal, Lansky, de sesenta y ocho años, escapó a un hotel de su propiedad en Tel Aviv, para luego ser extraditado, por una orden de la Suprema Corte de Israel, y llevado de regreso a Estados Unidos, donde posteriormente fue absuelto.

A finales de la década de 1970 y principios de la década de 1980, se le veía caminar con su perro por la avenida Collins de Miami o cenando en un restaurante con su viejo amigo "Jimmy ojos azules". Falleció de un ataque al corazón en 1983, a la edad de ochenta y un años.

Lansky fue el último de su clase y para entonces las bandas criminales judías eran algo del pasado. Los judíos, como las oleadas de inmigrantes irlandeses y alemanes antes de ellos, habían pasado a adaptarse a la forma de vida estadunidense. Únicamente los sicilianos, las cinco familias establecidas por Lansky y Luciano, se mantuvieron: los Genoveses, los Gambinos, los Luccheses, los Bonannos y los Colombos. Ellos permanecieron, al menos en parte, debido a que mantuvieron lazos estrechos con la isla de la que provenían: El último gran reducto de la mafia y el sitio de su renacimiento, Sicilia.

Es probable que Lucky Luciano, más que cualquier otro hombre, haya creado el aspecto moderno de la mafia: El logro de enormes ganancias provenientes de las drogas, sus operaciones a través de fronteras internacionales, su invisibilidad, su reforzamiento con acuerdos y alianzas internacionales y el estar regida por consejos de representantes.

Sin embargo, no pasó mucho tiempo antes de que superaran a la banda de Orgen y que buscaran nuevas oportunidades, junto con un amigo de Luciano, de nombre Vito Genovese. La Prohibición los hizo a los tres increíblemente poderosos. Luciano, más adelante, afirmó que él personalmente controlaba todas las delegaciones de policía de Nueva York y que tenía un intermediario que le entregaba 20 000 dólares al mes al comisionado de Policía, Grover A. Whelan. También se vanagloriaba acerca de la compañía en la que se movía: Políticos y estrellas que conocía en fiestas y reuniones en la mansión Whitney. Los políticos, incluso candidatos presidenciales, lo buscaban para solicitarle ayuda y financiamiento para las campañas en época de elecciones. La gente de la alta sociedad lo seguía para conseguir, entre otras cosas, boletos para la Serie Mundial de beisbol, mujeres, drogas y bebidas.

Sin embargo, existía un obstáculo muy fuerte para que Luciano pudiera asumir el poder absoluto. Los más importantes controladores del poder del crimen organizado en Nueva York, incluso durante la época de la Prohibición, eran dos jefes de la mafia al viejo estilo. Así que Luciano necesitaba romper con las viejas formas si quería obtener el poder y el control absolutos.

La prisión de Sing Sing, en el estado de Nueva York, ha sido el "sitio residencial de retiro" de muchas de las personalidades más importantes de la mafia.

12. Lucky Luciano, Don Calò
y la invasión de Sicilia

Lucky Luciano estaba a punto de escenificar el golpe de estado más grande de su vida y desde un sitio imposible: Su celda en la prisión de Sing Sing. Cuando Estados Unidos entró a participar en la Segunda Guerra Mundial en contra de las potencias del Eje, una de ellas Italia, los inmigrantes italianos pronto se encontraron con lealtades divididas. Hubo sabotaje en los muelles de Nueva York, donde muchos de ellos trabajaban, interrupción y robo de los suministros de guerra, así como espionaje. Los oficiales de la inteligencia naval estadunidense sabían que la autoridad máxima en los muelles pertenecía a la mafia, a través de su control de los sindicatos de estibadores, así que se acercaron a Luciano para solicitar su ayuda. Luciano condescendió. Desde entonces, según dijo, los sabotajes y los retrasos desaparecieron. Las labores para la guerra ya no tuvieron impedimentos.

Sin embargo, Luciano tenía otro servicio que ofrecer a sus nuevos amigos. Se les comenzó a decir a los inmigrantes de Sicilia que ayudaran a las autoridades a identificar los mejores lugares para un desembarco en la isla, la naturaleza del terreno que tendría que atravesar cualquier ejército invasor y los caminos y rutas más seguros. También se enviaron mensajes en nombre de Luciano a las figuras clave de la mafia siciliana, dándoles instrucciones para que cooperaran con los estadunidenses cuando arribaran a la isla. Cinco me-

Mussolini reprimió brutalmente a la mafia siciliana durante su reinado de veinte años.

ses antes del desembarco final, Luciano, quien había nacido cerca del pueblo de Villalba y cuyo nombre original era Salvatore Lucania, presentó una apelación a su sentencia de treinta a cincuenta años por prostitución de mujeres, con base en el argumento de "servicios prestados a la nación."

A pesar de que Luciano todavía no iba a salir de prisión, todo resultó de acuerdo con su plan general. Cuando las fuerzas estadunidenses desembarcaron en el oeste y el centro de Sicilia, a principios de julio de 1943, 15% de los soldados eran sicilianos o descendientes de sicilianos. Cargaban con ellos no sólo la bandera estadunidense, sino otras que tenían un blasón con la letra "L", por Luciano, las cuales pronto aparecieron por toda la isla conforme los estadunidenses avanzaban con la ayuda de los expertos guías de la mafia. Se dice que incluso una fue lanzada desde un avión de reconocimiento y que cayó a las puertas del sitio donde estaba el sacerdote de Villalba, quien era nada menos que el hermano del *capo di tutti capi* de la isla, Don Calogero Vizzini.

Diez días después del desembarco, Don Calò fue recogido detrás de las líneas en Villalba por tanques estadunidenses, quienes se lo llevaron de inmediato. Fue nombrado coronel honorario del Ejército de Estados Unidos, pero se le conoció por parte de los soldados de infantería estadunidenses como el "General Mafia".

Don Calò desempeñó muy bien sus funciones. La mafia siciliana había sido brutalmente reprimida durante veinte años por Mussolini, así que ellos se podían mostrar ante los ingenuos estadunidenses evidentemente como "antifascistas". A petición suya y conforme los estadunidenses avanzaban, fueron liberados de las cárceles de Mussolini e instalados en posiciones clave, en casi todos los municipios que se encontraban bajo la administración militar que las tropas dejaban a su paso. Don Calò y otros jefes de la mafia tenían listas de simpatizantes y colaboradores fascistas con los alemanes en sus áreas. Los comunistas fueron claramente rechazados. Después de todo, ¿en quién más se podía confiar además de los compañeros luchadores por la libertad, quienes habían preparado el terreno y despejado los caminos para los libertadores estadunidenses?

Con Don Calò de su lado, convenciendo a los soldados italianos a que desertaran, le tomó a las fuerzas estadunidenses sólo siete días conquistar el centro y el oeste de Sicilia. El general Patton llamó a esto: "La guerra relámpago más rápida de la historia". Hubo bajas insignificantes, ya que el Ejército italiano parecía esfumarse de sus posiciones al lado de los alemanes. El ejército británico, bajo el mando del general Montgomery, no fue tan afortunado. Le tomó cinco semanas de combates lograr avanzar por la costa Este de la isla, con miles de muertos.

Vito Genovese fue arrestado por fin en Missouri, en 1958, acusado de narcotráfico y contrabando. Falleció en prisión once años después.

Vito Genovese, cómplice y amigo de Lucky Luciano y Meyer Lansky.

Vito Genovese y el botín de guerra

Cuando las fuerzas aliadas llegaron al territorio continental italiano, pronto las fue a visitar otro representante de la mafia, Vito Genovese, quien había huido de Nueva York a Italia en 1937 para escapar de acusaciones de asesinato y se había convertido en un gran amigo de Mussolini. Había hecho contribuciones muy importantes al Partido Fascista y se le había otorgado el título de *Commendatore*, que era uno de los más grandes honores de Italia. Según se dice, también había proveído con generosidad al hijo de Mussolini con cocaína y había organizado el asesinato de un editor de un periódico antifascista de Nueva York, mediante los buenos oficios de Carmine Galante.

Sin embargo, con los aliados en camino a Roma, Genovese comprendió la situación rápidamente y reapareció como el intérprete y asesor oficial del gobernador militar de

Nápoles, el coronel Charles Peretti, quien ya era un "buen amigo", como diría más tarde Lucky Luciano lacónicamente. Genovese demostró ser un sobornador invaluable, en particular con un grupo de oficiales estadunidenses de alto rango, a través de los cuales, mediante sobornos, logró llegar al mercado negro. Muy pronto, en 1944, 60% de toda la comida descargada por los aliados en el puerto desaparecía en las manos de la red de Genovese, compuesta de soldados estadunidenses corruptos y hombres de la Camorra local, y a través de Genovese era embarcada de vuelta a Estados Unidos. Para esa fecha, ya había efectuado más de una visita a Sicilia con el coronel Peretti para ver a Don Calò. Su red en Nápoles se mantuvo funcionando y luego se la apropió Lucky Luciano cuando, al ser finalmente liberado de su prisión estadunidense y deportado, se estableció en Nápoles en 1948.

Sicilia: La batalla en contra de los comunistas

Con Sicilia ahora bajo el control aliado, hubo algunos dolores de cabeza para el gobierno militar, así como para los terratenientes, quienes siempre habían controlado de forma despiadada para su beneficio, tanto la tierra como a los pobres del campo. En las ciudades había revueltas por falta de alimentos y en las áreas rurales se llevaban a cabo manifestaciones públicas a favor de la reforma de la tierra.

Mientras tanto, en el norte, y en cierto grado en Sicilia, los comunistas habían surgido de la clandestinidad, después de su prolongada batalla contra el fascismo, y por primera vez ingresaban a la política como una fuerza organizada. El Partido Demócrata Cristiano, fundado con el apoyo decidido del Papa y el respaldo secreto de los estadunidenses,

En el periodo posterior a la Segunda Guerra Mundial los comunistas lograron una mayor influencia en Sicilia.

todavía no era el bastión sólido contra ellos en el que se convertiría después.

En esta situación, los terratenientes requerían ayuda, así como el gobierno militar. Y fue en este entorno que ambos recurrieron, una vez más, a la mafia, que no sólo era anticomunista en la forma exacta que el gobierno militar exigía, sino que ahora también soñaba, como lo hacía un gran número de sicilianos, en una separación de Italia, para convertirse en una colonia británica o en el estado número cuarenta y nueve de Estados Unidos.

En septiembre de 1944, Don Calò demostró lo sólidas que eran las intenciones anticomunistas de la mafia cuando sus hombres bombardearon y acallaron una reunión comunista y socialista en Villalba, que él mismo había permitido que se llevara a cabo "mientras no se hablara de la mafia, ni de la refor-

Las revueltas por alimentos y las manifestaciones públicas por una reforma de la tierra hicieron que las autoridades se pusieran en completo estado de alerta en 1946.

ma de la tierra". En menos de dos meses, el cónsul estadunidense en Palermo reportaba en secreto a su superior, el secretario de Estado estadunidense, Cordell Hull, que Don Calò tenía reuniones con los militares y con personajes importantes de la mafia respecto a designar a un jefe de la mafia como el líder de un movimiento de insurrección separatista.

Al final, el movimiento, que en su momento culminante llegó a tener medio millón de seguidores, se desintegró. A principios de 1946, incluso antes de que se aprobara la nueva constitución italiana, el gobierno provisional anunció que le otorgaba a Sicilia un enorme grado de autonomía: Tendría su parlamento electo propio, el derecho a recaudar sus impuestos y el control del dinero que, a partir de ese momento y durante treinta años en el futuro, iba a fluir para ellos desde Roma.

Ésta era una oferta que la mafia sencillamente no podía rehusar: Dinero y una gran abundancia de éste, a cambio de los votos. Ya había obtenido control sobre la política local y el inicio de un acuerdo con los demócratas cristianos. Pero si el separatismo murió en los corazones de hombres como Don Calò, el anticomunismo no había muerto, en particular en uno de los personajes más enigmáticos de la historia moderna siciliana: Salvatore Giuliano.

Salvatore Giuliano

Salvatore Giuliano era un bandido; un campesino de Montelepre que había asesinado a un *carabiniere* en 1943, a la edad de veinte años, cuando fue detenido por una patrulla mientras transportaba un contrabando de grano. Cuatro meses después, asesinó a otro durante una redada policiaca y unas cuantas semanas después organizó la fuga de una prisión para formar la estructura básica de su banda. En Sicilia, en

El bandido siciliano Salvatore Giuliano.

esa época, había muchas bandas como la de Giuliano y la mayoría de ellas fueron rápidamente reprimidas. Sin embargo, la banda de Giuliano sobrevivió y se volvió famosa, principalmente por la audacia y el encanto de Giuliano. Conocido como "el Rey de Montelepre", era anfitrión de la prensa nacional e internacional. Proporcionaba justicia popular, era un hombre extravagante y bien parecido, e incluso tuvo una breve aventura amorosa con una fotoperiodista sueca. También estaba misteriosamente bien relacionado. Durante una de sus visitas, se reunió con el Fiscal General de Palermo y con Vito Genovese. Tenía contactos con la policía y los políticos. Continúa siendo un misterio cómo logró sobrevivir durante los siete años posteriores a su primer intento de asesinato, a menos que existiera cierto interés de personas muy poderosas por mantenerlo vivo.

Uno de estos grupos de personas era casi con toda seguridad la mafia. Y durante el breve periodo de insurrección del

El presidente Truman anunció que Italia estaba en la línea del frente contra la amenaza del comunismo.

movimiento separatista, Giuliano fue nombrado coronel del ejército separatista, probablemente por petición de Don Calò. También era un decidido anticomunista y eso era muy apropiado para los propósitos estadunidenses. Además de robarle al rico (en una ocasión se robó un anillo con diamantes del dedo de la duquesa de Pratameno en su *palazzo* de Palermo), también atacó e hizo estallar bombas en las oficinas de los que llamó "los rojos infames". Así que debe haber sido su peor pesadilla (así como las de los miembros de la mafia que de manera callada intentaban una alianza con los demócratas cristianos respaldados por los estadunidenses), cuando en las primeras elecciones para elegir al nuevo Parlamento siciliano, en abril de 1947, Izquierda Unida ganó, y no el Partido Demócrata Cristiano.

Giuliano le había escrito al presidente estadunidense Harry Truman acerca de la necesidad de "erradicar la oleada

Había muchas bandas como la de Giuliano en Sicilia, en la década de 1940, y la mayoría de ellas fue rápidamente reprimida.

Según afirmaron varias personas, el Comando de Fuerzas Especiales para la Supresión de Bandas Criminales estuvo implicado en la muerte de Giuliano.

comunista en Sicilia". Y, de hecho, Truman había estado de acuerdo al anunciar que Italia estaba en el frente de batalla en contra de esta amenaza mundial. En otras palabras, el bandido y el Presidente pensaban igual. El 1 de mayo de 1947, el secretario de Estado de Truman, George Marshall, le escribió al embajador estadunidense, diciéndole que los comunistas debían ser excluidos del gobierno nacional y, ese mismo día, Giuliano mató a tantos de ellos como pudo encontrar.

Nada se sabe con certeza todavía, acerca de lo que llegó a conocerse como la "Masacre de Portella della Ginestra". Los documentos relacionados con esta matanza nunca se han publicado y un senador italiano que los leyó declaró que se provocaría "una catástrofe nacional si llegaran a salir a la luz pública". Todo lo que se sabe es que cuando unos 1500 pobladores, o algo así, se reunieron en un espacio abierto afuera de Piana para celebrar el Día del Trabajo, los hombres de Giuliano abrieron fuego sobre ellos desde las laderas de una montaña, ocasionando la muerte de once y lesionando a 65 más. Existen rumores de que los atacantes estaban equipados con las armas estadunidenses más modernas y que incluso algunos de los hombres estaban vestidos con uniformes de soldados estadunidenses. Sin embargo, respecto a quién dio las órdenes para ejecutar la masacre, en las palabras de una comisión parlamentaria de 1972, "es absolutamente imposible atribuir responsabilidad, ya sea directa o moral a determinado partido o político".

No obstante, después de la masacre, la utilidad de Giuliano en la localidad parece haber concluido y la mayoría de los miembros de su banda fueron capturados uno por uno y encarcelados, y según el escritor Norman Lewis, varios de ellos, "fueron agregados a la lista, mantenida escrupulosamente, de aquellos, y que ahora son más de 500 nombres, que se han resbalado de las escaleras de la prisión Ucciardone". Para junio de 1950, se encontraba solo, excepto por su primo y mano derecha, Gaspare Pisciotta. Se ha dicho que hubo una oferta de amnistía para ambos hombres, incluso de un avión militar estadunidense que podría llevarlos a Estados Unidos. Sin embargo, el 4 de julio, en una casa de seguridad de la mafia en Castelvetrano, donde según informes pasaba su tiempo leyendo a Shakespeare y a Descartes, Giuliano fue asesinado a balazos por su primo mientras dormía.

De inmediato, se inició el encubrimiento del crimen. El cadáver de Giuliano fue llevado afuera por los *carabinieri* y baleado por completo para aparentar que había muerto en combate. Para el momento en que la prensa internacional arribó al lugar, una niebla de mentiras ya rodeaba la muerte, incluyendo una sugerencia, reportada con exactitud, que

unos 350 hombres del Comando de Fuerzas Especiales para
la Supresión de Bandas Criminales, de reciente creación, había participado. Sin embargo, este escenario montado pronto
se desbarataría. En primer lugar, porque la sangre del cuerpo
de Giuliano parecía haber corrido colina arriba desde su
cadáver, en segundo lugar porque Pisciotta demostró con
demasiada prisa que deseaba asumir la responsabilidad de la
muerte.

Al final, a pesar de todo el intento de encubrimiento,
Pisciotta fue acusado del asesinato de Giuliano y llevado a
juicio en la ciudad de Viterbo, en el territorio continental
italiano, donde declaró desde el inicio del juicio que había
matado a Giuliano por petición del Ministro del Interior de
Italia, Mario Scelba, quien, junto con un grupo de terratenientes, también habían estado implicados en la masacre de
Portella della Ginestra. Asimismo, dijo que más tarde revela-
ría todo lo acontecido. No obstante, no iba a tener ninguna
otra oportunidad de hacerlo. El 8 de enero de 1954, fue
envenenado en la prisión de Ucciardone, el mismo día en
que el demócrata cristiano Mario Scelba, prestaba juramento como Primer Ministro de Italia.

13. La mafia en Corleone

Don Calò falleció de un ataque al corazón a principios de 1952 y con su muerte comenzaron a decaer para siempre las antiguas tradiciones rurales de la mafia siciliana, las cuales siempre habían estado más involucradas con el poder y la influencia que con el dinero. A pesar de que el título de *capo di tutti capi* pasó a su sucesor en Villalba, Giuseppe Genco Russo, el futuro le perteneció cada vez más a hombres como Luciano Leggio y Totò Riina, jóvenes asesinos de la población de Corleone, quienes habían aprendido una actitud nueva de aquellos gánsteres estadunidenses que habían regresado o permanecido en Sicilia después de la Segunda Guerra Mundial. Leggio, el hombre de mayor edad de los dos, era un administrador de fincas y un asesino a sueldo para su jefe en Corleone, el doctor Michele Navarra. Ambos habían estado implicados en 1948 en el asesinato de un valiente joven sindicalista y organizador de obreros, de nombre Plácido Rizzotto, quien desapareció poco después de las elecciones de 1947. Rizzotto había logrado ganar de alguna manera el ayuntamiento municipal de la localidad para la izquierda, a pesar de los intentos de Navarra para manipular las elecciones al emitir varios cientos de certificados de ceguera o miopía extrema a las mujeres del pueblo, para que de esta manera tuvieran que ser acompañadas a las casillas electorales por sus hombres. La respuesta fue rápida. Rizzotto fue llevado a punta de pistola fuera del pueblo y ahorcado de un árbol por Luciano Leggio. Luego su cadáver fue arrojado en una grieta de varias decenas de metros de profundidad. Un joven pastor que informó haber visto lo ocurrido recibió algo del bondadoso doctor Navarra para calmar sus nervios y poco después falleció.

Navarra y Leggio fueron acusados de las muertes en fecha posterior, principalmente gracias a un capitán de los *carabinieri* del Norte de Italia que había sido asignado a Corleone. Este joven más adelante sería una figura importante en el descubrimiento de las actividades de la mafia italiana de la posguerra, su nombre era Carlo Alberto Dalla Chiesa. Leggio fue puesto en libertad por falta de pruebas y aunque el doctor Navarra fue sentenciado a un exilio de cinco años en Calabria, gracias a sus amigos en el Partido Demócrata Cristiano fue recibido de nuevo en Corleone, a los compases de la banda del pueblo, después de unos pocos meses.

El final de las viejas prácticas

Para esta fecha, Lucky Luciano se había establecido en su nuevo hogar en Nápoles y fue un factor clave para reunir a la vieja red de la Camorra de Vito Genovese y a los miembros de la mafia siciliana, en lo que se iba a convertir en uno de sus principales generadores de dinero de la posguerra: El contrabando de cigarrillos.

El gobierno italiano se había adjudicado el monopolio de la venta y distribución de cigarrillos, pero los

El contrabando de cigarrillos se convirtió en el nuevo generador de dinero para la mafia en los años posteriores a la guerra.

El número de adictos a la heroína en Estados Unidos se
triplicó después de la Segunda Guerra Mundial.

cigarrillos que casi todos querían eran los estadunidenses, y
la mafia era la que los proporcionaba, tal como lo hicieron
con el alcohol ilegal durante la época de la Prohibición. Las
ganancias brutas crecieron, según se dice, por lo menos a
1000 millones de dólares al año.

El otro gran generador de dinero para los sicilianos fue
la industria de la construcción y la especulación con la tierra.
Con el dinero que fluía a la isla proveniente del territorio
continental italiano y con el negocio de la construcción en
auge, fue como un juego de niños encontrar, gracias a po-

líticos y burócratas corruptos, qué áreas iban a tener a continuación permiso de construcción. Éstas entonces eran compradas en grandes extensiones a precios de tierras agrícolas, por compañías constructoras dirigidas por prestanombres de la mafia, quienes no se preocupaban en lo absoluto por la calidad de lo que construían. Las ganancias en esto no eran tan grandes como en el contrabando de cigarrillos pero, aún así, fueron ganancias de más de 100 millones de dólares al año.

Desde luego, el viejo negocio de la mafia tradicional continuó: Extorsión por protección, contrabando de granos y control de las mercancías al menudeo. El doctor Navarra inició una compañía de autobuses con los vehículos militares estadunidenses que se le permitió controlar. Luciano Leggio parece haberse dedicado al negocio de carnicerías con ganado robado. Sin embargo, el futuro, y Leggio lo sabía, ya no se encontraba en las áreas rurales, sino en Palermo, donde estaban los políticos y el dinero. El campo se estaba volviendo cada vez más pobre y despoblado; entre 1951 y 1953, 400 000 sicilianos emigraron a Australia, Argentina y a varias otras partes y ya no había suficientes jornaleros que trabajaran en muchas de las enormes propiedades agrícolas heredadas.

También existía un nuevo negocio para invertir: La heroína. Luciano parece haber instalado su primera planta procesadora de heroína en Palermo, en 1949, usando un extracto básico de morfina traído de contrabando de Líbano. Como el número de adictos a la heroína se triplicó en Estados Unidos, él era un visitante regular a la capital siciliana. Donde se mantenía ocupado sugiriendo a aquellos que podían escucharlo, no sólo de efectuar una inversión seria en el tráfico de drogas, sino también acerca de la creación de una Comisión central o *cupola*, de la misma clase que había establecido en Estados Unidos, con el fin de administrar las actividades de la mafia y mantener la paz entre las diversas facciones. En otras palabras, deseaba que los sicilianos llevaran a cabo dos cosas, con base en la experiencia estadunidense: Que se expandieran y que se internacionalizaran.

Luciano Leggio y su mano derecha Totò Riina estuvieron de acuerdo. Pero primero tenían que crear una base de poder para ellos en Corleone. Así que, después de una discusión con el doctor Navarra acerca de su participación en un proyecto de una presa, la cual habría dejado a Leggio una fortuna en protección y especulación, ellos lo mataron en una emboscada a su coche, en 1958. Después, se dedicaron a exterminar, uno por uno, a cada uno de los miembros de su facción que pudieron encontrar. Entre 1958 y 1963, el modesto pueblo de Corleone se convirtió en una de las capitales del crimen del mundo.

No obstante, un hombre observaba, un hombre que más adelante iba a hacer más que cualquier otro para acabar con la mafia en Sicilia. Su nombre era Tommaso Buscetta, el personaje de mayor rango en la mafia que alguna vez haya violado el código de silencio de *omerta* y que se haya convertido en testigo para el gobierno. También había ayudado a establecer la Comisión que Luciano sugirió. Más adelante diría que el asesinato del doctor Navarra había sido: "El motivo subyacente de la crisis que afligió a la organización de la mafia (desde entonces)". Al cometer un asesinato por ganancias personales, Leggio había sentado un precedente por el cual los códigos de conducta tradicionales de la mafia ya no servían para nada. Para Buscetta, esto fue el principio del fin.

Joe Bananas visita Sicilia

Sin embargo, Leggio y Riina tenían expectativas muy elevadas. El año anterior a que asesinaran al doctor Navarra, en el punto más álgido de una importante guerra por el control del mercado mayorista de la carne en Palermo, llegó un visitante de Estados Unidos, quien fue recibido como un hombre de estado en el aeropuerto de Roma, con todo y alfombra roja, por el ministro de Comercio Exterior de Italia, Bernardo Mattarella. Esto era bastante apropiado, ya que Mattarella había crecido junto con su visitante en Castellamare del Golfo, en las afueras de Palermo, y doblemente apropiado, quizá, ya que un joven protegido suyo, un demócrata cristiano, un hombre "formado" en la mafia, Salvo Lima, estaba próximo a convertirse en el alcalde de Palermo. Giuseppe Bonanno, conocido como Joe Bananas, la cabeza de una de las cinco familias de Nueva York, era su visitante y se encontraba en camino a Palermo para una conferencia cumbre con sus contrapartes sicilianas.

La cumbre se efectuó en el Grand Hotel Et Des Palmes de Palermo, entre el 10 y el 14 de octubre de 1957. La reunión más importante parece haber sido una cena el día 12 en el restaurante Spano, cuyo anfitrión fue Lucky Luciano. La lista de invitados en la reunión y en la cena fue un poco diferente, pero Joe Bananas y su *consigliere* Carmine Galante, quien supervisaba una red de tráfico de heroína para la familia Bonanno, estuvieron presentes en ambas. Los temas a discutir fueron los mismos: El establecimiento de una Comisión Siciliana y la organización de una red de abasto y venta de heroína en donde los sicilianos y los estadunidenses fueran socios igualitarios. En la cena, Luciano presentó a los estadunidenses con el jefe de la familia, Salvatore "Ciaschitteddu" (Pajarito) Greco, su nominado para encabezar la Comisión, y también a un grupo de jóvenes probables, entre ellos, Tommaso Buscetta. En la reunión, estuvieron presentes tres jefes de familia más, incluyendo al sucesor de Don Calò como *capo di tutti capi*, Giuseppe Genco Russo. Tanto Buscetta como Leggio quizá también estuvieron ahí.

No obstante, quien quiera que haya asistido a la reunión, el resultado fue el mismo: Se acordó el establecimiento de la Comisión bajo el mando de Salvatore Greco y se sentaron las bases para una asociación con la familia Bonanno en el contrabando de heroína, la cual quedaba sujeta a ser acordada en una reunión de la Comisión Nueva York, a celebrarse en fecha posterior de ese mismo año. En cuestión de semanas, como un gesto de buena fe, asesinos sicilianos que no dejaron rastros habían acribillado al brutal y estúpido Alberto Anastasia, uno de los fundadores de *Murder Incorporated*, en un sillón de peluquero de Nueva York. Sin embargo, no se había obtenido la aprobación de la Comisión de Estados Unidos, al menos hasta ese momento. La cumbre en Appalachin, Nueva York, que debía tratar el asunto, tuvo una redada de la policía y, por primera vez, los personajes más importantes de la mafia estadunidense fueron expuestos al público.

Lucky Luciano decidió que el proyecto debería continuar de todas maneras. De hecho, ya lo había comenzado con el establecimiento de lo que se conoció como la Conexión Francesa.

La conexión francesa

Uno de los problemas principales de Luciano fue que había una escasez de químicos con experiencia en Sicilia y Nápoles. Tanto los sicilianos como los napolitanos eran contrabandistas expertos y nunca había ningún problema con los transportistas para que introdujeran la heroína en Estados Unidos, por lo general, a través de Canadá. Pero organizar un laboratorio químico sofisticado que transformara la base de morfina en heroína refinada era otro asunto completamente diferente. Así que Luciano había recurrido con anterioridad a la organización que controlaba los muelles en Marsella, la Unión Córcega, y al hacer esto había puesto en

Los muelles de Marsella se convirtieron en la base
de operaciones para la conexión francesa.

espera a otro presente otorgado al crimen organizado por
los estadunidenses.

Al final de la guerra, los estadunidenses se habían enfrentado en Francia exactamente al mismo problema que
habían tenido en Italia: El ascenso de los comunistas, quienes, como en Italia, habían combatido con los socialistas
como guerrilleros. Ahora existía un temor creciente en Estados Unidos de que estos comunistas bien organizados y cada
vez más populares se adueñaran del poder en un golpe *d'état*.
Así que la CIA y el Departamento de Estado estadunidense
decidieron tomar el toro por los cuernos y enfrentarlos en
uno de sus más importantes baluartes: Marsella.

Marsella era el puerto más importante de Francia y sus
muelles eran controlados por sindicatos dirigidos por comunistas, quienes provocaron disturbios civiles en forma de
manifestaciones y revueltas callejeras. La CIA filtró dinero
y agentes, incluyendo un equipo de guerra psicológico, a la

ciudad. También reclutaron a antiguos aliados en su combate contra los comunistas, en particular entre la Unión Córcega, muchos de cuyos miembros habían sido combatientes de la Resistencia y/o agentes estadunidenses.

Uno de los hombres a los que recurrieron, Antoine Guerini, había trabajado como un contacto tanto para la inteligencia británica como para la estadunidense y había sido un conducto importante para los lanzamientos de armas en paracaídas de los aliados. Ahora se encontraba a cargo de una fuerza de guardaespaldas corsos seleccionados por él mismo, cuyo trabajo era asegurar el control de los muelles para los socialistas a quienes la CIA protegía. Pronto tuvo éxito, y con el control del puerto ahora en sus manos y un ejército represivo apoyándolo, procedió a hacerse cargo de uno de los negocios más grandes de Marsella, el tráfico de heroína.

Un maletín del tipo que usaban por lo común los
traficantes de drogas en la década de 1950.

Se desconoce cuánta complicidad tuvo la CIA en esto. Sin embargo, Marsella se convirtió, bajo la tutela de Guerini y Luciano, en uno de los enlaces clave en el camino seguido por la heroína, el cual conducía del Medio Oriente hasta Sicilia y luego hacia Estados Unidos. Los sicilianos proveían la base de morfina y la embarcaban a Marsella. También se encargaban del transporte de la heroína refinada hacia Estados Unidos, donde sus socios estadunidenses se hacían cargo de su distribución. A lo largo del camino se generaban ganancias gigantescas, lo suficiente grandes para que todos tuvieran su parte. Comprar un kilo de la base de morfina podía costar, digamos, 1000 dólares, pero para el momento en que había sido refinada en una heroína 90% pura y entregada en Estados Unidos, el mismo kilo podía haber multiplicado su valor treinta veces y, en la calle, diluida con leche en polvo, su valor sería de unos 300 000 dólares, en precios de principios de la década de 1950. El valor agregado en Marsella, en otras palabras era de unos 6000 dólares el kilo; el valor agregado a su arribo exitoso en Nueva York, otros 23 000 dólares, por algo que se podía transportar en una bolsa de compras ordinaria, donde cabían varios kilos a la vez.

Un agente estadunidense de la DEA, que trabajaba en Francia en el apogeo de la Conexión Francesa, comentó más adelante que a finales de la década de 1960 y comienzos de la de 1970: "No fue una coincidencia que hayamos arrestado a más de cuarenta ex agentes de inteligencia franceses"; es decir, hombres que habían sido tan útiles para los franceses como lo fueron para los estadunidenses.

14. La muerte y el legado de Lucky Luciano

En 1962, el visionario Luciano falleció en el aeropuerto de Nápoles, cuando aguardaba la llegada de un productor de Hollywood que deseaba hacer una película de su vida. Asimismo, se dijo que había agentes de la Interpol que también querían entrevistarlo. La causa oficial de su muerte fue un ataque al corazón, pero hubo algunas personas que afirmaron que el ataque le había dado después de beberse una taza de café. Así que persiste la posibilidad de que haya sido envenenado, ya fuera porque la película hubiera provocado a sus asociados una publicidad indeseada o porque estuvieran temerosos de lo que podía declarar si era arrestado.

Sin embargo, había dejado detrás de él lo que demostró ser un legado permanente. Todos los ingredientes que iban a conducir a la dominación de la mafia siciliana sobre enormes sectores de la economía italiana estaban ahora en su lugar. A través de su control sobre la campiña y sobre el abasto de agua para huertos, había ingresado en el negocio de las carnicerías, los mercados de productos agrícolas y las plantas procesadoras de alimentos. Controlaba los muelles y la oficina del Alcalde de Palermo. Quizá haya recibido 30% de todo el dinero invertido por el gobierno central en el desarrollo de la isla, y sus tentáculos llegaban a niveles muy altos en el Partido Demócrata Cristiano, para el que ahora entregaba con regularidad el tan importante voto siciliano.

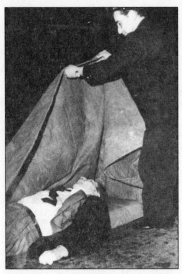

A Lucky Luciano finalmente se le agotó la suerte en el aeropuerto de Nápoles, en 1962.

También estaba encargado de casi todas las construcciones de Palermo. Se sabe que 2500 de las 4000 licencias de construcción se entregaron, entre 1958 y 1964, a únicamente tres personas, todas ellas presta nombres de la mafia, bajo la autoridad de Salvo Lima, ahora un miembro del Parlamento italiano y su sucesor como alcalde de Palermo, un ex peluquero de la mafia de Corleone, de nombre Vito Ciancimino.

Luciano también tuvo su Comisión, con la heroína, lo que iba a convertirse en un interminable río de dinero, el cual podría ser guardado en bancos, ya que, debido a la autonomía siciliana, no eran gobernados por el Banco Central de Italia. Asimismo, estaba en muy buen camino de controlar la recaudación de impuestos de Sicilia, gran parte de los cuales finalizó en las manos de dos primos, Ignazio y Nino Salvo, y este dinero no era tampoco una cantidad pequeña. La comisión pagada a los agentes sicilianos era del 10% de todo el dinero recaudado, tres veces más que en el resto del país.

La primera guerra de la mafia siciliana

Entonces, las ganancias potenciales eran inmensas, así que después de la muerte de Luciano, las familias sicilianas combatieron cruelmente entre ellas en lo que resultó ser la guerra final entre los mafiosos de la vieja y la nueva guardia.

Los nuevos mafiosos, entre ellos Luciano Leggio, probablemente habían sido influenciados por los mafiosos estadunidenses que habían regresado a Sicilia, como resultado de la presión ejercida por la Comisión Especial del Senador Estes Kefauverm, que a principios de la década de 1950 había demostrado la existencia de un sindicato del crimen nacional en Estados Unidos, conocido popularmente como mafia. Éstos trajeron consigo no sólo técnicas de administración, sino también entrenamiento en guerra de bandas criminales. Los sicilianos fueron muy rápidos para entender esto. Parte de la lucha era territorial. Los términos y condiciones bajo los cuales la Comisión Siciliana se había establecido eran ligeramente diferentes a su contraparte estadunidense. Por decir algo, en Nueva York la palabra "territorio" se usaba metafóricamente. Por ejemplo, el negocio de recolección de basura era considerado como el "territorio" de las familias Gambino y Lucchese, mientras que los muelles "pertenecían" a los Genoveses. En Sicilia, la división entre familias estaba basada mucho más en un aspecto geográfico, centrada en ciudades y pueblos en particular y en áreas en Palermo. Había comisiones regionales que presidían sobre cada "provincia", es decir, el territorio de tres familias contiguas, y éstas a su vez, enviaban representantes a la *Cupola* central.

En teoría, esto debería haber funcionado. Después de todo, la mafia siciliana era en primer lugar un cártel, una asociación de productores de una mercancía llamada protección, y la labor de la Comisión era al parecer simple: Disciplinar a cada uno de los productores individuales de protección y restringir la competencia de los productores foráneos. Sin embargo, existían diversos problemas con esto. En primer lugar, estos productores individuales no eran organizaciones estables. Por ejemplo, Luciano Leggio, quien iba a convertir al grupo de los Corleonese en un poder formidable, todavía

El juicio de Palermo, el resultado de una campaña masiva contra la mafia en la década de 1960, en donde 60 de los 114 acusados fueron absueltos.

estaba luchando para controlar la competencia dentro de su territorio.

En segundo lugar, habían desigualdades de oportunidad y éstas eran exacerbadas tanto por el auge en el negocio de la construcción en Palermo, como por los nuevos negocios de tráfico de drogas de la mafia. Por ejemplo, la familia Cinisi, dirigida por Cesare Manzella y su segundo en el mando, Gaetano Badalamenti, estaban concentrados en un poblado costero en la carretera al aeropuerto de Palermo. El aeropuerto era parte de su territorio y esto les dio una zona vital para el tráfico de cualquier mercancía de contrabando. Mientras tanto, la familia de Ángelo y Salvatore Barbera, controlaba un área en Palermo donde se podía llevar a cabo un gran número de construcciones nuevas. Esto les proporcionó una fuente más importante y también más envidiada de ingresos extras, que ellos podían invertir en cualquier otra parte, en particular en el nuevo y muy fuerte negocio de la heroína.

Como si esto no fuese suficiente, había acuerdos entre familias que no salían bien, inversiones que fracasaban en dejar utilidades, en medio de una atmósfera general de sospechas secretas. Y el resultado fue una cifra creciente de asesinatos de castigo seguidos de muertes por venganza: Las *vendettas*. En 1962 y principios de 1963, los jefes de tres familias de Palermo fueron asesinados, incluyendo a Cesare Manzella y Salvatore Barbera. Ángelo Barbera, que había huido a Milán, resultó muy malherido. Por último, un ataque perpetrado contra la familia Greco, encabezada por Salvatore "Pajarito" Greco, jefe de la *Cupola*, resultó tremendamente mal. Un coche bomba dejado a un lado de la casa de un lugarteniente de confianza de Greco explotó mientras era examinado y siete soldados y policías fallecieron.

El juicio de Corleone, donde todos los acusados fueron absueltos debido a "falta de pruebas".

El resultado fue una campaña masiva de medidas severas en contra de la mafia. Hubo arrestos en toda la isla. Totò Riina fue arrestado a fines de 1963, seguido cuatro meses después por Luciano Leggio. Tan intensa fue la actividad de la policía que la *Cupola* fue suspendida y muchas de las familias individuales se disolvieron. El mismo Salvatore Greco buscó refugio en Brasil. Había muy pocos pistoleros de la mafia en las calles, casi todos estaban en prisión, en espera de ser enjuiciados como para poder efectuar negocios apropiados.

Al final, se llevaron a cabo dos juicios separados en el territorio continental italiano, uno relacionado con el derramamiento de sangre ocurrido cinco años atrás en Corleone, y el otro, sobre las guerras entre familias en Palermo. Pero el resultado en cada uno fue más o menos el mismo. En el juicio de Palermo, que concluyó en diciembre de 1968, 60 de los 114 acusados fueron absueltos y la mayoría del resto fue encontrada culpable sólo de delitos menores. En lo que respecta al juicio de Corleone, el juez y el jurado fueron eficazmente ablandados mediante amenazas de muerte y todos los acusados fueron absueltos al año siguiente "por falta de pruebas". La única consecuencia de importancia fue que Totò Riina fue arrestado de nuevo poco tiempo después de su regreso a Corleone y fue exiliado a un pequeño pueblo cerca de Bologna, en el Norte de Italia. Sin embargo, nunca fue allá. En lugar de eso, durante los siguientes 24 años vivió en Palermo, "en secreto", con poca presencia pública.

15. La mafia se vuelve contra el Estado: El encumbramiento de Luciano Leggio

En 1970, tras una serie de reuniones cumbre tanto en Palermo como en Milán, y después de que la campaña policiaca había disminuido, la *Cupola* siciliana se volvió a restablecer, en esta ocasión como un triunvirato, con Luciano Leggio en representación de las familias de la campiña y con dos jefes de Palermo, Gaetano Badalamenti y el joven jefe de la familia Santa María del Jesús, Stefano Bontate, del resto. Sin embargo, en cuestión de meses, ocurrió algo que era evidente iba a ocasionar muchos problemas: El asesinato, por parte de Leggio y Totò Riina según dijo Buscetta después, del fiscal general de Palermo, Pietro Scaglione.

Scaglione había sido, hasta ese momento, al menos un buen amigo de la mafia. Había "perdido" expedientes y archivado casos y se había asegurado de que los acusados de la mafia fueran absueltos por falta de pruebas, incluida toda la familia de Castellamare, el lugar de nacimiento de Joe Bananas, acusada por su participación en el tráfico de heroína de la Conexión Francesa hacia Estados Unidos. Es posible que Scaglione haya cambiado de parecer respecto a ayudar a la mafia y que su asesinato haya sido ordenado por la Comisión. Es posible también que haya sido asesinado por Leggio, por cuestiones personales, o como un *pentito* (un testigo de

Las Seis Rosas, Sicilia, 1971: Personajes clave del crimen organizado
detenidos bajo arresto domiciliario por las autoridades sicilianas.

la mafia) dijo después, por "favorecer a Badalamenti" demasiado. Pero cualquiera que haya sido el motivo, esto era un indicador de lo lejos que estaban ciertos miembros de la *Cosa Nostra* para irse. Ningún juez había sido asesinado en Palermo desde la Segunda Guerra Mundial, era una ley sin redactar que ellos deberían permanecer intocables. Se había arrojado un guante, lo cual anunciaba que nadie, ni siquiera el Estado, era invulnerable a partir de ahora.

Si el asesinato fue una cuestión personal de Leggio, entonces también fue una bofetada significativa en el rostro de la Comisión, y ésta es la explicación más probable. Leggio, quien se recuperaba de una cirugía por una enfermedad ósea (efectuada en Roma por el cirujano personal del Presidente de Italia), pronto iba a burlarse de su autoridad en otra manera muy diferente. Su emisario en Palermo, Totò Riina, comenzó a secuestrar y a mantener en cautiverio al azar a miembros de las familias ricas locales. Esto rebasaba con

John Paul Getty III, víctima de secuestro de la mafia.

mucho los delicados nexos que la mafia había establecido con los terratenientes herederos y los acuerdos establecidos con los demócratas cristianos. Se trataba de un problema considerable, pero no había nada que la Comisión pudiera hacer, ya que en ese momento, tanto Bandalamenti como Bontate se enfrentaban a acusaciones en su contra en la prisión de Ucciardone. Únicamente cuando salieron de nuevo fue que el secuestro se prohibió formal y finalmente.

Debe haber sido con algo de alivio que la Comisión escuchó las noticias en 1972, respecto a que Leggio había abandonado la isla para irse a Milán. Le tomó un buen tiempo regresar. En el territorio continental italiano volvió a dedicarse al secuestro y participó en el secuestro de John Paul Getty III, el cual tuvo gran difusión, ya que al secuestrado le cortaron parte de una oreja antes de que su abuelo pagara el rescate. Fue arrestado en 1974, dejando el campo libre a su lugarteniente Totò Riina, más sutil pero aún más peligroso.

Totò Riina comienza a adueñarse del poder

Salvatore Totò, o "El Corto", Riina, nació en 1930 y era hijo de una familia campesina. Tuvo poca o ninguna educación formal. Siempre habló un italiano muy limitado y muy difícilmente lo escribía. A la edad de diecinueve años, asesinó a un hombre, uno de sus amigos, y fue enviado a prisión. Salió después de seis años ya convertido en un criminal "formado", y de inmediato se unió a Luciano Leggio, quien ascendía con determinación a través de los diferentes rangos de la familia Corleone del doctor Navarra, presidente de la Asociación de Agricultores de Corleone y presidente de la rama local del Partido Demócrata Cristiano. Si Navarra tenía problemas, por ejemplo, con los organizadores del sindicato, Leggio siempre los arreglaba. En el pequeño pero próspero poblado de Corleone, hubo 153 asesinatos en los años transcurridos entre 1953 y 1958.

Sin embargo, tanto Leggio como su mano derecha Riina, fueron sintiendo un resentimiento cada vez mayor por la falta de disposición de Navarra para avanzar al ritmo de los tiempos. Éste fue un punto de vista que posiblemente les transmitió el primo de Navarra, un siciliano estadunidense de apellido De Carlo, quien había combatido en la Segunda Guerra Mundial y que luego se había establecido, primero en Corleone, después en Palermo.

En 1958 surgió una crisis: Mientras los dos cabalgaban fueron emboscados por asaltantes desconocidos, pero se sospechó de Navarra. Se dice que en esa ocasión Riina le salvó la vida a Leggio. Después de que mataron a Navarra, sus vidas y carreras criminales se volvieron más o menos inseparables. A Riina se le dio preferencia sobre otro lugarteniente de Leggio, Bernardo Provenzano, y a pesar de que ahora vivía escondiéndose, fue enviado a Palermo en representación de Leggio. Tres años después, alrededor de la misma fecha, Leggio fue enviado a prisión; en secreto se casó con la hermana de otro mafioso Corleonese, con quien tuvo cuatro hijos.

Un testigo *pentito* dijo después acerca de Riina: "Nunca lo vi enojado, quizá en ocasiones un poco molesto, pero nunca agresivo o rudo". Otro comentó que tenía "una mezcla de astucia y ferocidad, una combinación rara en la *Cosa Nostra*". Tommaso Buscetta, el testigo de más alto rango de todos ellos, dijo que, a pesar de que tenía la apariencia de un campesino, tenía unos modales diplomáticos "y sólo Dios sabe lo mucho que cuenta la diplomacia en la *Cosa Nostra*. Él era una persona persuasiva y sabía cómo convencer a las personas cuando necesitaba hacerlo".

Buscetta también lo describió como viviendo con la *Cosa Nostra* "veinticuatro horas al día. Siempre hablaba y dialogaba. Obtenía información de todo. Seguía los problemas internos de cada familia. Obtenía información de sus espías. Estaba atento y era frío al detalle más pequeño... nunca se cansaba de dar sugerencias, de dar órdenes, de imponer sentencias de muerte..."

Si era Leggio quien dirigía las operaciones desde la prisión o no, nadie lo puede saber. Pero cuando la Comisión de seis hombres se reinstituyó por fin en 1975 y reforzó la prohibición sobre el secuestro, la reacción casi inmediata de Riina fue secuestrar al suegro de Nino Salvo, uno de los dos primos que habían llevado a la mafia al negocio de la recaudación de impuestos y habían hecho una fortuna extra con el dinero enviado a Sicilia después del terremoto en el valle de Belice, siete años antes. El terremoto había matado a 500 personas y había dejado a 90 000 sin hogar; siete años después 60 000 personas todavía vivían en chozas en Nissen. Ni una sola casa se había construido. Lo único que parecía que había comprado el dinero enviado por el gobierno fueron carreteras que no llevaban a ninguna parte y pasos a desnivel usados por las ovejas. Las carreteras y los pasos a desnivel habían sido construidos por los Salvos.

Los Salvos eran una familia, y el secuestro del suegro fue otro problema grave para los palermitanos en la Comisión, en especial cuando falleció de un ataque al corazón antes de que pudiera ser devuelto. Pero ése era el propósito. Riina ya tenía el control sobre el alcalde de Palermo, el ex peluquero de Corleone, Vito Ciancimino. Ahora anunciaba a la Comisión y a sus amigos que él era el único poder y, como resultó ser, la Comisión no tenía ni la disposición ni la unidad necesaria para enfrentarlo. Había logrado sacar a Gaetano Badalamenti de la Comisión, de hecho fue expulsado de la mafia, y su lugar había sido ocupado por uno de sus aliados, Michele "El Papa" Greco. Después de que Badalamenti huyó a Brasil, Riina se las ingenió para persuadir a la Comisión de que, como un hombre que vivía en la clandestinidad y por consiguiente con necesidades especiales, se le debería asignar un par de hombres de todas las otras familias para que lo ayudaran. En otras palabras, adquirió un pequeño ejército de asesinos leales sólo a él, que actuaron como espías y también como puentes de enlace con cada uno de sus posibles rivales.

Con una combinación de temor y encanto, Riina al final llegó a mantenerlos a todos en la esclavitud. Los dividió y los gobernó y, al final, los dominó por completo.

16. Las conexiones de Montreal y Miami

El destino principal de la heroína producida por los laboratorios de la Conexión Francesa era Canadá y la capital de la mafia de Canadá era Montreal. Esta ciudad estaba cerca de Estados Unidos, tenía una enorme población de inmigrantes italianos y al ser parte de la provincia de habla francesa de Quebec, también era un hogar natural para los gánsteres franceses y corsos de Marsella. También tenía su familia mafiosa propia, dirigida por Vincent Cotroni, quien era aliado de la familia Bonanno en Nueva York.

Montreal, como un punto de relevo para la heroína de la Conexión Francesa, parece que fue organizada poco después de la Segunda Guerra Mundial por un hombre llamado Antoine d'Agostino, un criminal corso francés que pudo haber sido puesto en ese cargo por Lucky Luciano. Él proveía a la familia Genovese y también fue uno de los organizadores de lo que llegaría a conocerse como "Viajes Europeos Gino", el nombre de otro protegido de Luciano. Esta operación incluía un flujo continuo de familias italianas vacacionistas, que viajaban por trasatlántico a Montreal, junto con un coche que había sido arreglado especialmente, ya fuese en Italia o en Francia. De ahí, viajaban con frecuencia, como era natural, a conocer los hermosos paisajes de Nueva York, donde el coche era liberado de su carga oculta.

Montreal se convirtió en el punto de relevo para la heroína de la Conexión Francesa.

D'Agostino abandonó Canadá en 1954 y se estableció en México, donde iba a inaugurar una nueva ruta para llevar la heroína a Estados Unidos. En este punto el negocio de Canadá fue tomado por el hermano más joven de Vincent Cotroni, Giuseppe "Pep" Cotroni, y por Carmine Galante, en representación de la familia Bonanno de Nueva York. Para el año de 1956, estos dos hombres, en unión de un representante de la familia Genovese, tenían el control de un 60% de la heroína que llegaba al continente americano. Ésta era conducida a través de la frontera en autos Cadillac, con compartimentos secretos que sólo podían ser abiertos si varios de los mecanismos de los coches se activaban al mismo

Los Cadillacs negros eran el transporte elegido para los narcotraficantes de Montreal.

tiempo. En su apogeo, este método, aparentemente a prueba de errores, permitía entregar 50 kilos de heroína refinada al mes en Estados Unidos, con un valor comercial en las calles de al menos 50 millones de dólares.

Sin embargo, la red fue destruida en 1961 por un operativo encubierto conjunto de la Administración de Narcóticos de Estados Unidos y la Real Policía Montada de Canadá. Pep Cotroni, Carmine Galante y el hombre de Genovese fueron enviados a la cárcel. Pero pronto se habría de descubrir otro punto de entrada de la droga.

Auguste Ricord se estableció en Buenos Aires, Argentina, y generó la Conexión Sudamericana.

La Real Policía Montada de Canadá finalmente logró un avance
importante en el combate contra los traficantes de drogas en 1961.

El otro punto clave era Miami, donde ahora vivía Meyer Lansky en lo que parecía ser, en apariencia, el retiro. El jefe de la mafia de la ciudad era Santo Trafficante Jr., cuyo padre había sido un socio cercano de Lansky y de Luciano, ya que con la revolución de Fidel Castro en Cuba había ahora disponibles en la ciudad un gran número de traficantes y sicarios cubanos emigrados, sin mencionar a los adictos potenciales de heroína. Trafficante también tenía acceso al tráfico proveniente de cualquier parte en el Caribe, Centroamérica o América del Sur. Y éstos fueron los siguientes puntos de relevo de la heroína refinada que llegaba de Marsella, de Sicilia y de otras partes.

El Triángulo Dorado entra en servicio

Para estas fechas, tanto Turquía como Líbano comenzaban a agotarse como fuentes de la base de morfina. Sin embargo, una nueva fuente se ponía en servicio, y una vez más a través de los buenos oficios de los combatientes de la Guerra Fría en Estados Unidos. Cuando los franceses fueron obligados a abandonar sus colonias en el Sureste de Asia, los estadunidenses llegaron para enfrentarse con la insurgencia comunista en la región y pronto se involucraron y fueron arrastrados por sus aliados las tribus de los montes de Laos, quienes basaban su supervivencia en la producción de opio. El precio por su participación en la lucha anticomunista fue el transporte de su opio sin procesar hacia el mercado por una aerolínea perteneciente a la CIA, Air América. Una vez ahí, era conducida por una ruta de transporte organizada por los corsos de Marsella —que hablaban francés— y sus aliados sicilianos y era procesada para convertirla en heroína refinada, tanto en la localidad como en Europa.

Inmigrantes ilegales iban a trabajar a las pizzerías de Nueva York y llevaban drogas de contrabando con ellos, esto se llegó a conocer como la Conexión de la Pizza.

Una buena parte del tráfico era financiada por generales sud vietnameses apoyados por estadunidenses y otra parte por Santo Trafficante, quien visitó la zona en 1962. Es una ironía que sus víctimas más importantes fueran soldados estadunidenses quienes se volvieron adictos en cifras alarmantes.

Con los corsos y sus aliados en Marsella, ahora en el juego como piezas importantes, gran parte de la nueva heroína se enviaba a Estados Unidos a través de la red sudamericana que se había establecido después de la Segunda

La guerra contra las drogas del presidente estadunidense Richard Nixon fue
una molestia constante en los planes para ganar dinero de la mafia.

Guerra Mundial por un mafioso marsellés de nombre Auguste Ricord. Con residencia en Buenos Aires, Argentina y Asunción, Paraguay, donde la protección del régimen increíblemente corrupto era simplemente un asunto de dinero, Ricord había organizado un grupo de pilotos, mensajeros y guardaespaldas que utilizaban varios métodos para transportar el contrabando a Estados Unidos, ya fuese mediante "mulas" o también por avión a México, desde donde se llevaba por carretera para cruzar la frontera estadunidense o también mediante transportación aérea a Miami con aeronaves ligeras. En los diez años transcurridos hasta su arresto, ocurrido en 1971, se calcula que el grupo de Ricord, al que se habían unido fugitivos provenientes de Marsella, transportó unas cinco toneladas de heroína con una pureza del 90% a Estados Unidos, por un valor de al menos 1000 millones de dólares.

Un puerto de entrada favorito para la heroína que llegaba de Europa y del Lejano Oriente era Buenos Aires, que tenía una gran población italiana, así como Sao Paulo, en

Brasil, que fue donde gran parte de la mafia siciliana, exiliada como resultado de las guerras de bandas criminales en la isla, se había ido a vivir. Sin embargo, de ninguna manera eran los únicos. Algo de la heroína iba directamente a México, de donde era enviada, primero por la red corsa que había dejado Antoine d'Agostino y después por un grupo financiado por un acaudalado empresario, Jorge Asaf y Bala, conocido como el "Al Capone de México".

Otra entrada favorita seguía siendo Montreal, a pesar de que el método de envío de la heroína a través de la frontera había cambiado por necesidad. Ahora se llevaba a cabo por inmigrantes ilegales, la mayoría de ellos sicilianos, quienes iban a trabajar en los restaurantes de pizza controlados por la mafia, en particular en la ciudad de Nueva York. Con el tiempo, estas pizzerías se convirtieron en los principales puntos de almacenamiento y distribución para la heroína importada, y se le denominó como la Conexión de la Pizza. Los sicilianos fueron utilizados por las familias locales como asesinos a sueldo expertos e imposibles de rastrear por la policía, en particular por la familia Bonanno, que se encontraba divida por las disputas internas ocasionadas por el botín producido por la heroína.

El precio de la riqueza

Las ganancias, se debe enfatizar, eran enormes. Un jefe siciliano de poca monta, más adelante convertido en *pentito*, dijo de ellas: "Todos nos convertimos en millonarios, de repente, en un par de años gracias a las drogas". El dinero se vertía dentro de la isla. Entre 1970 y 1980, el movimiento total de transacciones financieras de los bancos se cuadruplicó y el número de bancos inmunes de inspección por las autoridades centrales se multiplicó enormemente. El pequeño pueblo de Trapani, por ejemplo, con una población de 70 000 habitantes, en cierto momento tuvo más bancos de lo que tenía toda la ciudad de Milán, el centro financiero de Italia.

El dinero hacía todo posible. Cada vez más y más laboratorios de refinación de heroína se cambiaban a Sicilia, ya que el presidente estadunidense Richard Nixon y su guerra contra las drogas finalmente persuadieron a las autoridades francesas a actuar en contra de la Conexión Francesa de Marsella. Sin embargo, el dinero también ocasionaba divisiones. Más que antes, permitió que los individuos mafiosos se convirtieran en empresarios por derecho propio, al financiar y obtener utilidades del comercio en todas las formas posibles. Esto era desestabilizador para el viejo orden. Todo rebasaba los nexos establecidos, como los nexos que unían a Joe Bananas con sus familiares que traficaban con drogas en Castellamare y aquellos que unían a la familia de Carlo Gambino con la de sus primos en Palermo, Salvatore Inzerillo y Rosario Spatola.

Las comunidades locales finalmente tomaron la ley en sus manos en la guerra contra las drogas.

Esto también significaba que las ganancias, tanto por arriesgar como por obtener, se habían vuelto mucho mayores. Era cierto que el sistema judicial y las fuerzas policiacas tenían poderes de investigación demasiado limitados. Por ejemplo, no se les permitía acceso a los registros de cuentas bancarias individuales, las cuales eran privadas y privilegiadas, aunque fuesen sospechosas. Sin embargo, existían otras formas de investigar esto: Por ejemplo, rastrear las transferencias bancarias internacionales o seguirle el rastro a los laboratorios ocultos. Pero también había para esa fecha una complicación más, agregada: Una ocasionada por la quiebra bancaria del jefe de finanzas de la mafia, Michele Sindona.

El banquero de la mafia

Michele Sindona nació en Patti, un pueblo en la costa Norte de Sicilia. Su padre era comerciante de coronas funerarias, pero se dice que después de una reunión con Vito Genovese, su hijo Michele se especializó en bancos. Para 1961, era el socio mayoritario en Banca Privata Finanzaria de Milán y luego, casi con toda seguridad cuando las enormes utilidades de la heroína aparecieron en el horizonte, se convirtió en el administrador bancario de la mafia siciliana.

No obstante, también sirvió a varios otros intereses importantes en su camino a la cima. Por ejemplo, fue el conducto para el dinero de la CIA que fluyó, primero en Grecia, en 1968, en la época del golpe de estado de los coroneles; y luego, de once millones de dólares, dinero que llegó cuatro años después para los fondos de campaña de los políticos italianos anticomunistas. Sindona mantuvo nexos muy estrechos con el Partido Demócrata Cristiano y, en 1969, a través de la compra de una compañía de desarrollo inmobiliario del Vaticano, se convirtió en el asesor financiero del papa Paulo VI. Para estas fechas, controlaba cinco bancos y más de

100 empresas en once países. No obstante, este mismo Sindona había sido señalado dos años antes, en 1967, en una carta enviada por el Director de la Interpol en Washington a la policía italiana, por estar involucrado a fondo en el narcotráfico.

Pero nada ocurrió. En ese tiempo, Sindona era considerado por la prensa financiera mundial como el empresario más exitoso de Italia, y en 1971 se dirigió hacia el pináculo del éxito por el control de las dos más grandes empresas tenedoras de acciones de Italia. Con la primera tuvo éxito. Tomó el control de la junta de accionistas e instaló a su gente, entre ellos a un oscuro banquero que más adelante se convertiría en el famosísimo Carlo Calvi. Sin embargo, la segunda adquisición de acciones fue bloqueada por el Banco de Italia, que ordenó una inspección de los valores bancarios de Sindona.

Michele Sindona, el jefe bancario
de la mafia siciliana.

A pesar de que se descubrieron enormes irregularidades, el Banco de Italia no hizo nada. Para estas fechas, Sindona había tomado el control del décimo octavo banco más grande de Estados Unidos, el Franklin National, y se había mudado a Nueva York. Ahí, en secreto, especuló en contra de la lira, únicamente para que el gobierno italiano le hiciera comparecer ante las autoridades para reparar el daño ocasionado. Sin embargo, Sindona poco a poco iba perdiendo su eficacia. Perdió una gran cantidad de dinero en las bolsas de valores y para octubre de 1974 el juego se acabó. Con una diferencia de pocos días entre cada uno, sus bancos de ambos lados del Atlántico quebraron. Días antes de que el Franklin National se hundiera, el Banco de la Reserva Federal de Estados Unidos le otorgó a Sindona un crédito por 1700 millones de dólares para salvarlo.

Éste fue el colapso bancario más grande en la historia de Estados Unidos y de Italia en esa época. A Italia le costó el equivalente moderno de 5500 millones de dólares. También le costó al Vaticano una enorme cantidad que se desconoce y a la *Cosa Nostra* siciliana otra gran cantidad más, quizá de varios miles de millones de dólares del dinero de las drogas que ahora fluía desde el mercado estadunidense. La *Cosa Nostra* también tuvo dos problemas adicionales: El mismo Sindona (que ahora vivía en el Pierre Hotel de Nueva York con una fianza de tres millones de dólares), y un hombre especialmente testarudo y tenaz que había sido designado como interventor judicial para investigar los bancos de Sindona en Milán: Giorgio Ambrosoli.

Se llevaron a cabo esfuerzos considerables con personajes importantes en el Partido Demócrata Cristiano para exonerar a Sindona, incluso ahora. Sindona conocía dónde estaban sepultados los cadáveres y sabía con gran exactitud qué tan alto habían llegado los tentáculos de la *Cosa Nostra* en el Partido, tal como veremos. No obstante, el interventor Ambrosoli no se iba dejar intimidar. Pronto descubrió la empresa matriz secreta de Sindona en Liechtenstein, así como una red de otras empresas dentro de otras empresas que se extendían por todo el mundo. Era evidente que tenía que ser silenciado, por lo que a principios de julio de 1979 así ocurrió: Fue baleado frente a su casa en Milán por un atacante desconocido.

Eso dejaba solo al mismo Sindona, así que tres semanas después del asesinato de Ambrosoli, simplemente desapareció del Pierre Hotel en Nueva York. Su secretaria recibió un mensaje donde se decía que había sido secuestrado por "secuestradores comunistas terroristas". Pero en realidad, bajo la protección del hijo de Carlo Gambino, fue llevado a Palermo para reuniones con el alto mando de la *Cosa Nostra*. Fue desde ahí que se emitieron varios mensajes de los "secuestradores" amenazando extorsionar con proporcionar todos los detalles completos de Sindona acerca de los exportadores de capital de Italia y sus cuentas de bancos en el extranjero, las empresas que se habían empleado para sobornar a políticos, etcétera. Ésta era una amenaza para derrumbar todo el sistema económico y político de Italia, así que se arregló una reunión en Viena con aquellos interesados en "lograr un acuerdo para la liberación de Sindona".

Al final, se interceptó una carta que llevaba las instrucciones para el abogado de Sindona respecto a la reunión en Viena, como resultado de la intervención de los teléfonos. La carta la llevaba un mensajero de la mafia, el hermano de Rosario Spatola. Así que la reunión en Viena se canceló y Sindona pronto estuvo de vuelta en el Pierre Hotel, anunciando que había sido liberado por sus "secuestradores".

Por último, después de varias maniobras legales en ambos lados del Atlántico, Sindona fue sentenciado a prisión por fraude y en 1986 fue condenado a cadena perpetua en Italia por el asesinato de Ambrosoli. No obstante, nunca entregó sus extraordinarios secretos. Aún así, tres días después del juicio de Ambrosoli, en la prisión de máxima seguridad de Vighera, donde se suponía que sería vigilado las 24 horas al día, Sindona falleció, tal como Lucky Luciano, después de beberse una taza de café.

17. La segunda guerra de la mafia siciliana

Ésta era entonces, la situación en Palermo en el verano de 1979: Michele Sindona estaba escondido en una finca que pertenecía al médico y francmasón italiano estadunidense, Joseph Miceli Crimi. Intentaba chantajear, bajo la dirección de la *Cosa Nostra*, al sistema económico y político italiano, incluido el primer ministro Giulio Andreotti, para rescatar sus bancos y reembolsar el dinero a la mafia. La Comisión todavía resentía la pérdida de una enorme cantidad de sus utilidades y comenzaba a tener la idea, por primera vez, de que no estaba siendo bien protegida por los demócratas cristianos. La policía y los magistrados investigadores estaban ahora demasiado cerca; el viejo orden se moría y Leggio y Riina amenazaban con tomar el poder.

Fue entonces que comenzaron los asesinatos en serio. Ya Michele Reina, el secretario provincial de Palermo del Partido Demócrata Cristiano había sido baleado para obtener la atención de sus jefes políticos en Roma. Después, a finales de julio, Boris Giuliano, subjefe de la policía, fue asesinado luego de haber sostenido una reunión sospechosamente prolongada con Ambrosoli en Milán, tres días antes de que el interventor fuera asesinado. El siguiente fue Cesare Terranova, un juez muy dedicado que acababa de ocupar el cargo en Palermo como juez investigador en jefe y que además había prometido etiquetar a Luciano Leggio como "enemigo público número uno"; fue asesinado a balazos a sólo 100 metros de su departamento, junto con su policía guardaespaldas, Lenin Mancuso.

Esta muerte no fue el final de la lista de lo que llegó a conocerse como "cadáveres ilustres". El 6 de enero de 1980, Piersanti Mattarella, el presidente de la región siciliana del Partido Demócrata Cristiano, fue asesinado por estorbar el camino de la *Cosa Nostra*. Y en cuestión de pocos meses hubo otros dos asesinatos. El primero fue el de Emanuele Basile, el capitán de los *carabinieri*, quien había continuado la investigación de Giuliano sobre las finanzas de la mafia. Le dispararon varias veces en la espalda mientras cargaba a su hija de cuatro años, quien milagrosamente resultó ilesa. Después, el fiscal en jefe de Palermo, Gaetano Costa, fue asesinado a sangre fría mientras hojeaba una publicación en una puesto de libros cerca de su casa.

Estos asesinatos, al haber ocurrido en tan poco tiempo, no tenían precedente. Al parecer habían llevado a una división final en la Comisión, que ahora estaba repleta con aliados de Riina y Leggio. Los últimos dos jefes independientes en ella estuvieron cada vez más aislados y a pesar de un intento de reconciliación que se llevó a cabo por el respetado mafioso Tommaso Buscetta, éste no tuvo éxito y, el día en que fue puesto en libertad de prisión, Buscetta huyó a Brasil. Esto apenas estuvo bien. En abril de 1981, su amigo Stefano Bontate fue acribillado en su cumpleaños número cuarenta y dos, mientras se detenía en el alto del semáforo en su coche Alfa Romeo. Salvatore Inzerillo pronto lo siguió, asesinado justo cuando estaba a punto de subirse a su nuevo auto blindado después de salir de la casa de su amante. La misma arma, un AK47, se utilizó en ambos asesinatos.

Lo que siguió a continuación fue una masacre. En 1981 y 1982, hubo al menos 200 cadáveres en las calles de Palermo, además de otras 300 desapariciones, víctimas de la *lupara biancha*, o el "rifle blanco". Toda una familia completa fue asesinada en una tarde, mientras eran invitados en un almuerzo de Riina y Michael "El Papa" Greco. Los pistoleros de Inzarillo y Bontate, incluso sus familiares, fueron buscados y asesinados. Al hijo de Inzerillo, de 16 años, quien había amenazado con matar a Riina, le cortaron el brazo derecho que usaba para disparar, antes de matarlo; su tío desapareció de su casa en Nueva Jersey y su hermano fue encontrado en la cajuela de un coche en Nueva York, con sus genitales cortados y con dólares retacados en la boca de su cabeza cercenada. El sobrino de Gaetano Badalamenti, quien se había encargado de su familia después de su expulsión, también fue asesinado. Y ni siquiera el mediador Tommaso Buscetta fue inmune. Sus dos hijos, su yerno, su hermano, su sobrino, incluso el hermano de su primera esposa, desaparecieron o se incluyeron en la lista de aquellos que fueron asesinados a balazos.

Hubo también dos "cadáveres ilustres" más en 1982, y éstos fueron los más impresionantes de todos. Uno fue el de Pio La Torre, un miembro comunista del Parlamento de Sicilia, quien en fecha reciente había propuesto una ley anti mafia muy severa. Había sido diseñada para convertir en un delito grave el pertenecer a la *Cosa Nostra*, permitir el acceso a todos los registros bancarios cuando tal delito fuera investigado y para permitir que el gobierno incautara todos los bienes que se sospechase hubiesen sido amasados mediante actos delictivos. Eso era bastante malo. Sin embargo, el segundo cadáver pronto tuvo a toda Italia encima de Sicilia. Era un verdadero héroe nacional: El general Carlo Alberto Dalla Chiesa, el recién nombrado Prefecto de Palermo.

El asesinato del general Alberto Dalla Chiesa

El general Dalla Chiesa conocía Sicilia muy bien. Al inicio de su carrera había estado asignado en Corleone durante los días del doctor Navarra. Más adelante, en la década de 1960 y principios de la década de 1970, había efectuado otra gira de trabajo como comandante de los *carabinieri* de Palermo. Y desde entonces había adquirido fama nacional por acabar con el bien organizado grupo terrorista Brigadas Rojas, el cual tenía paralizado al país. Ahora se esperaba que hiciera lo mismo con la mafia siciliana.

El general Dalla Chiesa había acabado con las Brigadas Rojas y se esperaba que hiciera lo mismo con la mafia siciliana.

Su primer deber oficial fue asistir al funeral de La Torre, en donde un grupo de trabajadores y jóvenes se reunía afuera, mientras gritaban frases como: "¡Lima...! ¡Ciancimino! *¿Chi di voi é l'assassino?* (¿Cuál de ustedes es el asesino?); y también: "¡Governo DC, La mafia sta lí! (La mafia está ahí, dentro del gobierno demócrata cristiano). Sin embargo, desde un principio había sido superado en astucia. Exigió poderes especiales del gobierno, pero éstos nunca se materializaron. Se fue quedando cada vez más aislado. Mediante la utilización de archivos fiscales, escrituras de propiedades y registros de rentas, comenzó a seguir un rastro de pistas hacia las profundidades de las relaciones entre la industria, la política y la mafia, y también en la alianza entre los miembros de la familia corleonese y las familias de Catania, al otro lado de la isla. Pero nunca llegó muy lejos. Cuatro meses después de su arribo, él y su joven esposa iban camino a un restaurante con su guardaespaldas cuando su coche fue rodeado por hombres armados en motocicletas, quienes los obligaron a salir del camino y los mataron. Los asesinos incluyeron a Giuseppe Greco y a Giuseppe Lucchese, de 21 años de edad. Más tarde se dijo que hubo equipos de vigilancia de la mafia en todo Palermo esa noche, los cuales usaban radios de intercomunicación para vigilar los lugares donde estaba Chiesa.

Así que quizá sus enemigos sabían que el último día de su vida había efectuado una visita secreta al Cónsul de Estados Unidos en Palermo y le había solicitado urgentemente que el gobierno estadunidense presionara a los italianos para que le otorgaran los poderes que necesitaba, así como la aprobación de la ley La Torre. Parecía estar consciente de que se le estaban negando en forma deliberada. En una entrevista en un periódico antes de su muerte, Dalla Chiesa había dicho:

"Tengo ideas claras acerca de lo que se necesita hacer... (y) ya he explicado estas ideas a las autoridades competentes (hace un tiempo). Espero que pronto haya una respuesta rápida. De lo contrario, no podremos esperar resultados positivos". Luego continuó, en lo que parecía hastío y resignación: "Creo que he comprendido las nuevas reglas del juego, el servidor público poderoso es asesinado cuando se entrecruzan dos condiciones, una es que se ha vuelto demasiado peligroso y la otra es que al mismo tiempo se ha quedado solo y por lo tanto es asesinable".

Tommaso Buscetta, en ese tiempo en Brasil, dijo más tarde acerca de la muerte de Dalla Chiesa: "El general Dalla Chiesa tuvo que ser asesinado porque se encontraba en posesión de ciertos secretos". Salvo Lima, el representante de la mafia en el gobierno, aparentemente estuvo de acuerdo. Se informó que expresó, después que la ley La Torre fue aprobada finalmente, tras el asesinato de Dalla Chiesa: "Para ciertos romanos él era más peligroso hecho a un lado con una pensión que como Prefecto con poderes especiales". ¿Por qué?

La mafia ingresa a la política nacional

Para contestar esa pregunta, tenemos que regresar al periodo de la posguerra y a la fundación del Partido Demócrata Cristiano, respaldado por los estadunidenses (y por el Papa). Desde 1947, los demócratas cristianos nunca habían estado fuera del gobierno y, de hecho, iban a permanecer en el poder hasta el año de 1992. Durante todo este periodo, Sicilia, desde la primera elección, fue un bastión demócrata cristiano; los votos, que representaban un 10% de todo el electorado italiano, eran entregados de forma regular y confiable por la mafia. Entonces, cuando la mafia ingresó con éxito a la política y se apoderó de la maquinaria del partido local, fue algo natural que intentara buscar un patrocinador y un mecenas en el nivel más alto. Su elección pronto recayó en el más astuto demócrata cristiano de todos, Giulio Andreotti.

Cuando Salvo Lima, el ex alcalde de Palermo, se convirtió en miembro del Parlamento en 1968, pronto se acercó a Andreotti, quien creía que su apoyo era demasiado reducido en el área de Roma y sus alrededores. Lima en ese tiempo pertenecía a otra facción de los demócratas cristianos, no obstante, tal como recordó más adelante un asociado con relaciones estrechas con Andreotti: "Conocí a Lima... y me dijo, 'Si me cambio con Andreotti, no voy a venir solo, sino con mis lugartenientes, coroneles, infantería, fanfarrias y banderas'. Hablamos durante tres días seguidos y cuando llegó el día de la reunión en la oficina de Andreotti... Lima realmente *llegó* como el jefe de un ejército".

Como recompensa por su apoyo, Lima fue nombrado subsecretario del Ministerio de Finanzas durante el segundo periodo de Andreotti como Primer Ministro, e incluso fue nombrado Ministro del Presupuesto en 1974. Sin embargo, un importante economista en el Ministerio renunció tras leer acerca de los antecedentes de Lima como alcalde de Palermo y pronto llegaron al Parlamento once solicitudes para pedir la destitución de Lima. A pesar de que no se actuó en ninguna de ellas, al final, Lima tuvo que ser marginado como miembro del Parlamento Europeo.

La muerte y los documentos de Aldo Moro

En ese tiempo, como más tarde se llegó a saber, Andreotti sostuvo reuniones en Sicilia, no sólo con todo el aparato democrático cristiano local, sino también con la Comisión.

Fue, para hablar claro, parte de la familia, y esto lo supo un hombre muy importante: El presidente del Partido Demócrata Cristiano, Aldo Moro.

Aldo Moro fue el Primer Ministro Italiano que en la década de 1970 forjó un "compromiso histórico" con el Partido Comunista Italiano, que controlaba una tercera parte de los votos, el cual fue diseñado para cambiar por siempre la fisonomía de la política italiana.

La mañana del 16 de marzo de 1978 iba camino a la toma de juramento del gobierno de su sucesor como Primer Ministro, Giulio Andreotti, quien gobernaría por primera vez con apoyo de los comunistas. Pero nunca arribó. Su coche fue emboscado por miembros del grupo terrorista de izquierda, Brigadas Rojas, sus guardaespaldas y su chofer fueron asesinados y él fue raptado. Lo regresarían, según dijeron, si los miembros fundadores de las Brigadas Rojas, en ese entonces en prisión, eran puestos en libertad.

Aldo Moro, presidente del Partido Démocrata Cristiano.

Mientras tanto, Moro fue "interrogado" y "juzgado" y, según los comunicados emitidos por sus captores, escribió una serie de cartas a sus amigos entre los demócratas cristianos, suplicándoles que negociaran su liberación. Ellos se rehusaron. El gobierno dijo que, "en interés de la nación" no iba a negociar con *terroristi*. Además, era evidente que las cartas, las cuales se volvían cada vez más amargas, habían sido, quizá "escritas bajo presión" o en verdad "dictadas por" los terroristas. Por qué ellos se negaron a negociar la liberación, no resulta claro para muchas personas, ya que con anterioridad habían negociado con las Brigadas Rojas respecto de algunos rehenes. Sin embargo, se mantuvieron inflexibles con la honorable excepción de los socialistas en el Parlamento, así que Moro fue verdaderamente condenado a muerte.

Un miembro de la Comisión siciliana, Pippo Calò, su representante en Roma en ese tiempo, explicó el motivo, según dijo más tarde un *pentito*. "Ustedes no entienden", dijo cuando Stefano Bontate sugirió que la *Cosa Nostra* debería organizar una misión de rescate. "Los líderes de su mismo partido no lo quieren libre". Menos de ocho semanas después de que fue secuestrado, se encontró su cadáver en la cajuela de un coche en la *Via Caetani*, en el centro de Roma.

Menos de cinco meses después, la policía antiterrorista, al mando del general Dalla Chiesa, llevó a cabo una redada en un departamento en Milán y arrestó a nueve miembros de las Brigadas Rojas que se encontraban muy ocupados escribiendo a máquina copias de cartas y notas que Moro no había enviado y una transcripción de su largo interrogatorio. Los documentos desaparecieron en fecha posterior y sólo se dio a conocer una versión editada, la cual parecía ser únicamente una repetición de viejas habladurías acerca de Andreotti. Pero pronto resultó evidente que al menos dos personas habían leído la versión completa: La primera era Mino Pecorelli, el editor de un diario sensacionalista, el *Osservatore Politico*, y la segunda, el general Dalla Chiesa, y los dos parecen haber llevado a cabo reuniones con regularidad. Pecorelli fue asesinado a tiros en la calle, en marzo de 1979, antes de que pudiera publicar la versión. Pero para entonces, según se llegó a saber después, Dalla Chiesa le había entregado una copia a Andreotti y le había solicitado sus comentarios.

Nadie en ese tiempo supo lo que había en esos documentos. Andreotti afirmó después que nunca los leyó. Sin embargo, doce años después, en 1990, algunos trabajadores que efectuaban renovaciones al mismo departamento en Milán descubrieron ocultas en una pared de yeso lo que parecían ser otras copias completas de los documentos de Moro de las Brigadas Rojas, y éstas eran en verdad irrefutables.

Los documentos declaraban que se había establecido una red militar anticomunista secreta al final de la Segunda Guerra Mundial con la ayuda de los estadunidenses y que ésta todavía existía; que el Partido Demócrata Cristiano había sido fundado por la CIA y que el estado italiano había estado implicado en fomentar el terrorismo de derecha en la década de 1970. También proporcionaba evidencia de un relación extremadamente cercana entre Andreotti y Michele Sindona, y afirmaba contar con pruebas de que Andreotti utilizó un banco de nacionalidad italiana para otorgar préstamos a sus amigos, algunos de ellos utilizando fondos de los lavadores de dinero de la mafia, dirigidos por el representante de la Comisión en Roma, Pippo Calò.

Si estos documentos se hubiesen revelado en aquel tiempo hubieran destruido la carrera política de Andreotti. En realidad, es muy probable que ellos fueran los responsables de la muerte del general Dalla Chiesa. Después de todo, Palermo era un lugar mucho más peligroso que Roma, en especial para un hombre solo y con poco poder real, y más aún, para uno del que ya se conspiraba.

18. Sam Giancana, la mafia
y la muerte de John F. Kennedy

En Estados Unidos, la mafia quizá nunca intentó tener metas tan elevadas. Sin embargo, se debe recordar que en las elecciones de 1960, que llevaron al presidente John F. Kennedy a la Presidencia, el resultado al final se decidió por unos pocos cientos de miles de votos y que la mayoría demócrata en el condado de Cook, Illinois, fue clave en última instancia. Sin embargo, sucede que el condado Cook, en Illinois, había sido el antiguo territorio de Al Capone, como sabía muy bien Joe Kennedy, el padre del presidente Kennedy, quien había sido un contrabandista de licor y se había asociado con la mafia italiana, y el jefe de la mafia, Sam Giancana, quien compartió al menos una amante con el presidente Kennedy, y quien más tarde alardeó haber inclinado la elección en ese lugar para el hijo de Joe como un favor. Giancana y la mafia también estuvieron involucrados en los intentos patrocinados por Estados Unidos para asesinar a Fidel Castro en Cuba.

Asimismo, varias de las teorías de conspiración que rodean el asesinato del presidente Kennedy, ocurrido en noviembre de 1963, afirman que fue asesinado a petición de la mafia estadunidense debido a que se rehusó a regresar el favor que ésta le había hecho. Y realmente, al permitir que su hermano, el fiscal general Robert Kennedy, investigara al crimen organizado y a Jimmy Hoffa, el jefe del sindicato de camioneros (Union Teamsters), había empeorado más el asunto.

Es probable que nunca sepamos la verdad de todo esto. Sin embargo, nuestro conocimiento acerca de la *Cosa Nostra* nos dice que todo ello es parte de su naturaleza. Esta organización existe en las sombras y sólo en muy raras ocasiones sale a la luz pública, a través de confesiones de un *pentiti*, mediante grabaciones ocultas y en los juicios. El resto es silencio, discreción. Como Tommaso Buscetta, el *pentiti* más famoso y de mayor rango de todos, dijo: "En mi ambiente nadie hace preguntas directas,

¿Estuvo la mafia involucrada en los intentos patrocinados por Estados Unidos para asesinar a Fidel Castro?

pero tu interlocutor, cuando considera que es necesario, te hace comprender, con un asentimiento de la cabeza, con una sonrisa... incluso con su silencio".

Aunado a todo esto, está el hecho de que los jefes de las familias y los miembros de las Comisiones de Nueva York y de Sicilia, están muy, muy alejados de la ejecución de cualquier delito. Ellos viven en la punta de una pirámide: En el exterior son hombres de negocios respetables; en ocasio-

Los posibles nexos de John Kennedy con la mafia
han sido un rumor desde hace tiempo.

nes, es cierto, sin ninguna fuente visible de ingreso, pero en
otras ocasiones con un ingreso que, al menos en la superficie,
parece bastante legítimo. Por ejemplo, en Sicilia, Rosario
Spatola, el cuñado de Salvatore Inzerillo, ha ganado millones
de dólares únicamente en el negocio de la construcción. Se
dice que como contribuyente ocupa el quinto lugar de toda
Italia en el pago de impuestos.

Silencio, alejamiento, inteligencia, poder: Éstas han sido,
y son, las palabras del lema que rige el comportamiento de
los altos rangos de la *Cosa Nostra*. Han sido, y son, la ley, una
ley que, no obstante, fue violada con regularidad por el jefe
de una de las cinco familias de Nueva York: Joe Bananas.

Jimmy Hoffa y el sindicato de camioneros fueron sometidos a una intensa investigación por parte de Robert Kennedy, fiscal general de Estados Unidos.

Joe Bananas y el negocio de la heroína

Joe Bananas, o Giuseppe Bonanno, fue, según el consenso de otros miembros de la Comisión e incluso de sus propios pistoleros de las calles, un tramposo. Independientemente de su negocio de heroína, el cual muchos otros jefes desaprobaban, intentaba, a principios de la década de 1960, apoderarse de territorios en la costa Oeste, tratando de meterse en el terreno de otros jefes de la mafia. Incluso había rumores de que se confabulaba en contra de otros miembros de la Comisión.

Sam Giancana, quien compartió al menos un amante con el presidente Kennedy.

Como si esto no fuese lo suficiente malo, en 1964, convirtió a su hijo Bill en *consigliere* de su familia, desafiando así a la tradición de la mafia. Gente con mayor experiencia había sido pasada por alto y en cualquier caso, Bill Bonanno había nacido con una cuchara de plata en la boca; ni siquiera podía hablar el lenguaje de las calles. Así que estalló una guerra civil interna. Se presentaron quejas a la Comisión y el jefe de una familia menor de Nueva Jersey, llamado Sam "El Plomero"

Joe Bananas, a decir de todos, "era un tramposo".

Cavalcante fue designado, ya fuese para unificar a la familia de nueva cuenta o, y ésta quizá haya sido la intención de la Comisión, de dividirla aún más.

Como esto pasó, el FBI instaló micrófonos ocultos en la oficina de Sam "El Plomero" y pudo escuchar cuando tuvo una reunión con uno de sus capitanes, quien también era el agente de negocios de un sindicato de Nueva Jersey. De la conversación entre los dos hombres, el FBI descubrió que tanto Bill Bonanno como su padre Joe se rehusaban a responder a los citatorios de la Comisión. "¡Cuando Joe desafía a la Comisión, desafía al mundo entero!", exclamó furioso Cavalcante.

El motivo por el cual Joe Bananas no fue asesinado sigue siendo un misterio. En octubre de 1964 fue secuestrado por un grupo de hombres armados en las calles de Manhattan, sólo para reaparecer dos años después, sano y salvo, en un tribunal de Foley Square en Manhattan. Se entregó a un juez, pero no explicó dónde había estado y enfrentó una demanda menor por obstrucción de la justicia. Después de esto, se retiró a una casa en Tucson, Arizona, como si nada hubiese ocurrido.

Se desconoce si continuó dirigiendo a su familia desde Tucson. Lo que sí se sabe es que el territorio de los Bonannos en Nueva York, incluido el negocio de la heroína, fue absorbido poco a poco a finales de la década de 1960 y principios de la década de 1970, por la familia de Carlo Gambino y que en 1973, Phil "Rusty" Rastelli fue elegido jefe de los Bonannos, a pesar de que quizá se le negó un cargo en la Comisión. Lo que se deduce es que Rastelli era débil y que esto lo puso a él y a los Gambinos en dificultades con el criminal ex *consigliere* de la familia Bonanno, Carmine Galante.

Carmine Galante

El sobrenombre de Carmine Galante en la mafia era "Lilo", debido a los pequeños puros que fumaba constantemente.

Era de baja estatura, gordo, calvo y extremadamente violento. Cuando salió de una prisión federal en 1978, tenía dos ambiciones: Volverse rico al recuperar el control del inmensamente lucrativo tráfico de heroína de Nueva York y

Jack Ruby asesinó a Lee Harvey Oswald. ¿Esto ocurrió por órdenes de la mafia?

Carmine Galante era un hombre de *vendettas*.

convertirse en el hombre de mayor respeto... el *capo di tutti capi*.

Galante creció en el Este de Harlem, en Nueva York, y fue hijo de inmigrantes sicilianos. Iba a continuar siendo un siciliano a la antigua, fuera de sintonía con los empresarios italiano estadunidenses más flexibles que se iban a apoderar de la mafia poco a poco. Era otro Riina, un hombre de *vendettas*; vivía a base de punta de pistola y del código de honor; de esta manera, se convirtió, en los antiguos días, en un miembro de la familia Bonanno muy respetado.

Como ya vimos, a mediados de la década de 1950 organizó la denominada Conexión de Montreal y en 1957 viajó como *consigliere* de Joe Bananas a la cumbre de Palermo de los líderes de la mafia siciliana y estadunidense, organizada por Luciano. En 1962, fue sentenciado a veinte años de prisión por su participación en la Conexión de Montreal y para cuando fue puesto en libertad bajo fianza en 1974, había tenido una gran abundancia de tiempo para considerar su respuesta al nuevo orden al que se enfrentaba.

El momento era muy oportuno para él. Carlo Gambino, a quién había aborrecido por la forma en que se había meti-

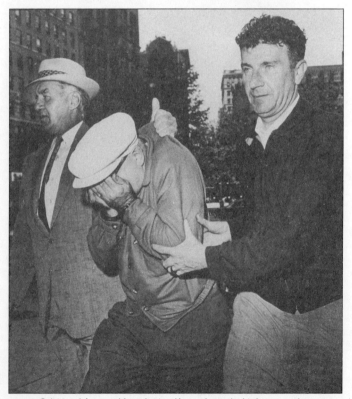

Galante rehúye ser el foco de atención con la ayuda de algunos socios.

Galante creció en las rudas calles del este de Harlem.

do en el territorio de Bonanno, estaba enfermo y pronto fallecería, y su cuñado Paul "Gran Paulie" Castellano, se había apoderado de su familia. Phil Rastelli estaba en la cárcel en ese tiempo, y de inmediato dimitió en cuanto Galante pisó la calle. Galante también había planeado todo muy bien, ya que reunió a su alrededor a un enorme grupo de asesinos a sueldo que eran antiguos compatriotas de Sicilia, quienes no tenían ninguna lealtad a nadie más que a él y al código de la mafia en que él también creía. Con gran rapidez se impusieron con violencia y asesinaron a quien se interpusiera en su camino para volver a controlar el negocio de la heroína.

Sin embargo, Galante también se volvió con gran rapidez en un "problema de negocios" para la Comisión, en especial para el "Gran Paulie". Según parece, nadie quería un retroceso a la violencia, un "Mostacho Pete" del pasado que causara problemas. Así que la Comisión ordenó el asesinato de Galante, y el trabajo fue asignado, siguiendo la costumbre, a un miembro de su misma familia, un subjefe de la mafia llamado Salvatore Catalano.

El 13 de julio de 1979, mientras Galante disfrutaba de un puro después de la cena con dos amigos, en el patio del restaurante italiano Joe and Mary, en Brooklyn, tres hombres que usaban pasamontañas y rifles entraron por la puerta trasera. Galante fue asesinado tan rápido que su puro todavía estaba en su boca cuando cayó al piso del patio. Entonces, le dispararon la tradicional bala calibre .45 en su ojo izquierdo y después sus invitados fueron eliminados por sus mismos guardaespaldas, quienes luego salieron caminando tranquilamente con sus asesinos.

Ese mismo día, en una reunión en prisión, Phil Rastelli fue confirmado otra vez como el jefe de la familia Bonanno y los jefes de la mafia se reunieron en un club social en la Pequeña Italia de Nueva York, para celebrar. Sin embargo, poco tiempo después, Galante regresó de la tumba para espantarlos. Como resultado de los micrófonos ocultos instalados durante las investigaciones en la llamada Conexión de la Pizza, Salvatore Catalano y los miembros de la Comisión Nueva York fueron acusados de ser los autores intelectuales de su asesinato, y el pistolero de Bonanno, Anthony "Bruno" Indelicato, fue declarado culpable de haber jalado el gatillo que acabó con su vida.

19. La conexión de la pizza

La conexión de la pizza se inició, al menos en lo que respecta a la intervención de las fuerzas policiacas estadunidenses, en el año de 1971, cuando algunos agentes aduanales estadunidenses de los muelles de Nueva York descubrieron 82 kilos de heroína, con una pureza del 90%, escondida en un coche traído en un crucero trasatlántico italiano. Así que arrestaron al hombre de Gambino que recibió la entrega al final, y que resultó que administraba una pizzería. De hecho, toda la evidencia obtenida en el caso parecía demostrar que había una relación con las pizzas y con un administrador de pizzerías llamado Michael Piancone. El hombre arrestado administraba el negocio Piancone Pizza Palace y dos hermanos, Salvatore y Matteo Sollena, que se sospechaba estaban involucrados, dirigían otras pizzerías más.

La investigación en ese entonces no llegó muy lejos. Pero en 1978 volvió a activarse de nueva cuenta. La novia de Salvatore Sollena fue detenida por la policía de Nueva Jersey por llevar consigo dinero falsificado, así como por estar en posesión de dinero verdadero que sumaba 51 000 dólares en efectivo y 25 000 dólares en cheques de caja bancarios. Se supo que ella y los hermanos Sollena habían comprado con anterioridad más cheques de caja por valor de 330 000 dólares, cada uno de ellos por cantidades menores a 10 000 dólares, lo que significaba que no tenían que ser reportados por el banco. Después, todo esto fue transferido a una cuenta en Palermo.

Un año después, agentes aduanales estadunidenses descubrieron que unos 4 millones de dólares adicionales habían sido enviados en los dos últimos años de Nueva Jersey a Palermo, 1 millón de éstos mediante un administrador de poca importancia de una pizzería en Nueva York. Y en junio de ese año, Boris Giuliano, el jefe de la Policía de Palermo, que sería asesinado poco después, descubrió 497 000 dólares en efectivo en un maletín en el aeropuerto de Palermo. El dinero se encontraba envuelto en el delantal de una pizzería y se pudo rastrear hasta una pizzería propiedad de Salvatore Sollena en Nueva Jersey.

Al inicio de 1980, la dependencia antidrogas —la DEA—, así como el FBI y el Servicio de Aduanas de Estados Unidos decidieron trabajar juntos en un operativo conjunto y pronto descubrieron que la mayoría de los sujetos a los que condujeron sus investigaciones eran sicilianos. Éstos también trabajaban bajo el patrocinio de las dos familias de la mafia con los nexos más estrechos con Sicilia, la familia de los Bonannos y la de los Gambinos. El hombre a cargo de todos los movimientos parecía ser otro inmigrante siciliano, Salvatore Catalano, quien había organizado el asesinato de Carmine Galante y que además era propietario de una panadería y socio de una pizzería en Queens.

En el otoño de ese año, se llevó a cabo una elegante boda de la mafia en el lujoso Hotel Pierre de Nueva York, y tanto Salvatore Catalano como su socio en las pizzas, Giuseppe Ganci, fueron invitados, al igual que los personajes más importantes de la mafia siciliana, canadiense y estadunidense; entre ellos, los familiares del difunto Carlo Gambino, Salvatore Inzerillo, de la Comisión siciliana y lavadores de dinero y asesores financieros de Montreal, Sicilia y Milán.

El equipo de vigilancia conjunto registró los números telefónicos a los que llamaron durante el banquete y los propietarios de estos números fueron rastreados y vigilados. Con la red en expansión, el equipo policiaco conjunto solicitó autorización para escuchar las llamadas.

En un principio, los adelantos logrados fueron muy lentos. Sin embargo, en 1983, el grupo especial de investigación tuvo un golpe de suerte. En dos operativos secretos diferentes en Filadelfia, agentes encubiertos de la DEA hicieron ofertas para comprar heroína a dos presuntos traficantes, uno de ellos propietario de una pizzería, y ambos de inmediato llamaron a la pizzería Al Dente, propiedad de Ganci, en Queens, aquella en la que éste era socio de Catalano. Entonces, ambos traficantes fueron vigilados mientras hacían las compras (por más de 350 000 dólares). Al seguir todos los movimientos de Ganci, así como al intervenir sus llamadas telefónicas, el equipo pudo comenzar a elaborar una lista de sus asociados, cuyos teléfonos también fueron intervenidos.

Esto fue una larga y ardua labor. Los miembros de la Conexión de la Pizza no sólo hablaban en dialecto siciliano, sino que también usaban teléfonos de paga públicos, en lugar de los teléfonos de sus restaurantes y de sus casas, y también cambiaban teléfonos y hablaban todo el tiempo. Como resultado de esto, los problemas tanto de grabar las conversaciones como de elaborar las transcripciones de las conversaciones se multiplicaron con rapidez. No obstante, pronto se pudo conseguir ayuda. Ya que en otra parte de la investigación, el equipo le seguía el rastro al dinero de la heroína y eso pronto daría resultados.

Adónde va el dinero

Los teléfonos fueron un problema para los integrantes de la Conexión de la Pizza, pero también lo fue el dinero: Enormes cantidades, principalmente billetes de pequeña denominación, pagados por los drogadictos en las esquinas de las calles. En un principio, esto no había sido demasiado problema, el dinero simplemente se recogía en maletines y volaba a Suiza. Pero entonces, la Conexión tuvo que comenzar a utilizar un cambiador de dinero muy especial, y muy atlético, cuyo trabajo era recoger el dinero en efectivo cada semana y correr de banco en banco en Nueva York, cambiándolo en el camino por cheques de caja, todos ellos por abajo de la cantidad de 10 000 dólares. Pero pronto, ni siquiera eso fue suficiente. Así que el cambiador de dinero tuvo que contratar aviones privados y enviar como paquetería el dinero, millones de dólares a la vez, a un discreto banco privado en el paraíso fiscal de Bermudas, desde el cual podía ser enviado a Suiza.

Esto funcionó muy bien durante un rato, pero entonces el volumen del dinero se incrementó aún más y entonces se tuvieron que traer escuadrones especiales de mensajeros suizos, cuyo trabajo simplemente era recoger tanto dinero como pudieran y volar de regreso directo a Suiza. No obstante, ahora el problema era que con tanta gente implicada, inevitablemente había ladrones. Así que al final, la Conexión emprendió el camino que la mafia iba a seguir para siempre en el futuro: Recurrieron a las instituciones financieras más importantes.

En 1982, en un periodo de menos de seis meses, un financiero suizo de nombre Franco Della Torre depositó al menos 20 millones de dólares en cuentas en Merrill Lynch y E.F. Hutton, en el distrito financiero de Nueva York. El dinero entonces fue transferido a través de empresas financieras que había establecido en y alrededor de Lugano, Suiza, y luego el dinero se lavó al moverse todavía a través de más cuentas, hasta que arribó a su destino, ya fuese en un banco suizo o a la cuenta de una empresa prestanombres de la mafia en Italia. Los investigadores creen que en los seis años que estuvieron observando esta parte de la Conexión de la Pizza, se lavaron de ésta y de otras formas unos 1600 millones de dólares en utilidades.

Los principales proveedores de heroína para la Conexión fueron Peppino Soresi, en Sicilia, conocido como "el doctor de lugares lejanos" y Gaetano Badalamenti, el mismo Gaetano Badalamenti que fue expulsado tanto de la Comisión como de la mafia en Sicilia y cuyo sobrino fue asesinado después por Riina. Badalamenti ahora operaba desde Brasil y se mantenía en contacto continuo con la Conexión, ya fuese mediante un sobrino que vivía en Illinois o directamente a través de teléfonos públicos. Fue a través de un teléfono público que en octubre de 1983, un equipo de vigilancia se enteró que la Conexión necesitaría de entregas grandes de uno o de ambos de sus proveedores a principios de 1984. Pero hubo retrasos, evasivas y discusiones acerca de los términos para el pago y la entrega. Muy pronto, los ánimos comenzaron a ponerse muy tensos en Nueva York, Brasil y Sicilia. Por último, Badalamenti exigió una reunión de emergencia con su sobrino en Madrid. Los agentes del FBI y la DEA, considerando que ésta era una oportunidad demasiado buena para dejarse perder, continuaron con sus planes.

Badalamenti fue arrestado en Madrid el 8 de abril de 1984. A la mañana siguiente, con arrestos coordinados en Italia, Suiza y Estados Unidos, la Conexión de la Pizza fue eliminada definitivamente.

Millones de dólares salían de Nueva Jersey hacia Palermo.

20. Giovanni Falcone y Tommaso Buscetta, el don de dos mundos

El día del arresto de Badalamenti, Tommaso Buscetta estaba en una prisión de Brasil, se enfrentaba a un proceso de extradición a Italia y a una reunión con el juez de instrucción de Palermo, Giovanni Falcone. En ese tiempo no lo sabía, pero en cierto sentido él y Falcone eran tal para cual. Falcone no sólo había nacido en Palermo, sino también era uno de los hombres con mayor conocimiento en todo el mundo acerca de la manera de trabajar de la mafia siciliana. Casi desde los primeros días de su nombramiento había sido atraído a las redes de la mafia, ya que ahí era donde todos sus casos parecían conducirlo. Además, había recibido el apoyo de su jefe y gran amigo, Rocco Chinnici, el sucesor del fiscal en jefe asesinado, Cesare Terranova.

Falcone había investigado el tráfico de heroína entre el Sureste de Asia y Sicilia luego de que se habían encontrado 233 kilos de heroína refinada en un barco en el Canal de Suez. Incluso se había enfrentado a los millonarios recaudadores de impuestos, Nino e Ignazio Salvo. Había hecho que la policía financiera buscara en sus oficinas y en sus casas en Palermo y que se llevaran treinta cajas de documentos, donde había encontrado algunas situaciones interesantes: Por ejemplo, que 97% del dinero que los primos habían gastado

El juez de instrucción Giovanni Falcone.

en su opulento hotel Zagarella en Palermo, fue pagado por el gobierno italiano y que el hotel no sólo era uno de los favoritos para las celebraciones de la mafia, sino para los dirigentes del Partido Demócrata Cristiano. Una fiesta de boda llevada a cabo por un parlamentario siciliano para 1800 invitados, no le había costado ni una sola *lira*.

Falcone también firmó junto con Chinnici la orden para el arresto, por el asesinato del general Dalla Chiesa, de Totò Riina y los miembros de la *Cupola* de Palermo. Y, tres semanas después, en julio de 1983, tuvo que asistir al funeral de lo que quedó de su amigo Chinnici, asesinado por un coche bomba junto con su chofer, dos guardaespaldas y el portero de su edificio de departamentos. Michele Greco después fue sentenciado a cadena perpetua por el asesinato de Chinnici.

Falcone era un hombre serio; así también era Buscetta. Cuando los dos se reunieron finalmente en la prisión Rebibia, en Roma, así deben haberse reconocido ambos. Buscetta, comenzó a hablar y estuvo hablando durante casi dos meses, y lo que dijo iba a sacudir a la mafia hasta sus cimientos a ambos lados del Atlántico.

Buscetta: "El renacimiento del honor de la mafia"

Tommaso Buscetta nació en Palermo en julio de 1928, era el hijo de un fabricante de vidrio. Abandonó la escuela a los catorce años y un año después se fijó en él la mafia o la *Cosa*

Nostra ("Nuestra Cosa"), como él la llamaba, identificando por primera vez su nombre verdadero, cuando mató a varios soldados alemanes. Esto fue suficiente para que calificara para ingresar a la "Sociedad de Honor". Fue reclutado en la familia Porta Nuova por su jefe, Gaetano Filippone, a la edad de dieciocho años.

Tommaso Buscetta en el tribunal.

Durante un tiempo, trabajó en el negocio de fabricación de vidrio de la familia. Se casó con su novia embarazada, pero al parecer no pudieron echar raíces. Así que trabajó durante algún tiempo en Turín e incluso se convirtió en un activista de un sindicato a su regreso a Palermo. Por último, en 1948, emigró a Argentina con su esposa y dos hijos. Instaló fábricas de vidrio, primero en Buenos Aires y luego en Sao Paolo, Brasil. Pero su esposa no pudo adaptarse. Así que en 1951, con renuencia, regresó a Sicilia.

Buscetta habló con melancolía a Falcone acerca de las antiguas tradiciones de la *Cosa Nostra* y los "hombres de respeto" que encontró cuando regresó. Evidentemente consideraba a los nuevos mafiosos, aquellos que habían matado a siete miembros de su familia, incluyendo dos de sus hijos, como traidores a una tradición antigua y honorable. Así que comenzó por contarle a Falcone la larga historia de su vida, en primer lugar, acerca de sus primeras reuniones con Lucky Luciano a principios de la década de 1950, la cumbre de Palermo, con Joe Bananas en 1957, y el asesinato del doctor Navarra por Leggio, del cual dijo fue el comienzo del fin de las antiguas tradiciones. Habló acerca del establecimiento de la Comisión, en la cual desempeñó una función importante, y también de la primera guerra de la mafia en la década de 1960, de la cual escapó, primero a México y luego a Estados Unidos.

Respecto a su relación con los crímenes, Buscetta se mostró con una reticencia inusitada. No obstante, fue evidente desde el principio para Falcone que Buscetta había sido un hombre de gran influencia, según fue exponiendo todo: Las estructuras de la *Cosa Nostra*, la formación de las Comisiones, los nombres de aquellos implicados en el tráfico de drogas. Es probable que haya estado involucrado en las primeras etapas de la Conexión de la Pizza; también es casi seguro que participó en el apoderamiento de las redes corsas en Latinoamérica por parte de los sicilianos; incluso quizá haya sido responsable, junto con Michele Zaza, de la llamada "Nueva Familia" de Nápoles, de la coordinación de las exportaciones de cocaína a Europa y Estados Unidos. Sin embargo, a Falcone eso no le importaba en última instancia. Buscetta era conocido como el "Don de Dos Mundos", el testigo más importante de la mafia que alguna vez haya accedido a confesar de forma voluntaria; además, lo que revelaba era oro puro.

Más o menos a la mitad de sus sesiones con Buscetta, Falcone se puso en contacto con su contraparte estadunidense, quien ahora mantenía relaciones estrechas con la tercera esposa de Buscetta. Ambos comenzaron a platicar acerca de la posibilidad de que Buscetta proporcionara evidencia sobre ambos lados del Atlántico. Él estuvo de acuerdo tranquilamente. No deseaba ninguna consideración especial para sí mismo, según dijo, pero se sentiría satisfecho si se pudiera ayudar a su familia. Era evidente que creía que lo que hacía era por el honor comprometido de los viejos días y sistemas, de la antigua *Cosa Nostra*.

21. Arrestos masivos en Sicilia y Nueva York

Con base en el testimonio de Buscetta y en lo que Falcone y sus compañeros miembros del Equipo Antimafia Siciliana ya sabían, se emprendió la Operación San Michele, a temprana hora de la mañana del 29 de septiembre de 1984. Portando más de 350 órdenes de aprehensión, la policía bloqueó las calles de Palermo y comenzó sus arrestos, sacando de sus camas a los líderes de la mafia, al igual que a sus pistoleros. Un mes después, repitió el procedimiento y arrestó a más. En total, se emitieron más de 500 órdenes de aprehensión. Aún cuando los Grecos y Totò Riina se mantuvieron escondidos, el operativo fue un gran triunfo. Tres de las órdenes eran para el ex asesor de propiedades y alcalde de Palermo, Vito Ciancimino, y para sus primos inmensamente ricos, Nino e Ignazio Salvo. El camino hacia lo que se conoció como el "Tercer nivel de la mafia" se había abierto.

Tres meses después de los arrestos de los Salvos, de nuevo con base en la evidencia de Buscetta y lo que las agencias policiacas estadunidenses habían descubierto a través de sus grabaciones telefónicas secretas y sus micrófonos ocultos (incluido uno en un coche de un jefe de la mafia), toda la Comisión de Nueva York fue arrestada: Paul "Gran Paulie" Castellano, de la familia Gambino; Phil "Rusty" Rastelli, de los Bonannos; Tony "Pato" Corallo, de los Luccheses y Gennaro "Gerry Lang" Langella, jefe provisional de la familia Colombo. Su edad promedio era de setenta años. Su fianza promedio fue de unos dos millones de dólares para cada uno. La cual consiguieron en cuestión de minutos.

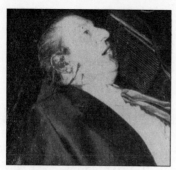

El cadáver de "Gran Paulie", asesinado a balazos en Manhattan, en diciembre de 1985.

Después de algunos procedimientos judiciales, que incluyeron algunos juicios separados y la adición de más acusados, como el hasta hoy jefe de los Colombos, Carmine Persico, así como de uno de los sicarios que había matado a Carmine Galante, Anthony "Bruno" Indelicato, el juicio se inició el 8 de septiembre de 1986. Buscetta fue el primero y más importante de los testigos para la Fiscalía. No obstante, hubo otros, incluyendo un asesino que alteró evidencia del estado debido a que no podía soportar estar separado de su novio. También se presentaron horas y horas de grabaciones incriminatorias. Después de escucharlas todas, cuatro meses después, el juez sentenció a todos los acusados de pertenecer a "una asociación delictiva en curso", a 100 años de prisión a cada uno, excepto por Indelicato, quien recibió cuarenta y cinco años por el asesinato de Galante. El juez dijo a uno de los acusados, pero eso podría haberse aplicado a todos ellos: "En resumen, usted ha pasado toda su vida aterrorizando a esta comunidad para conseguir su ventaja financiera".

Sin embargo, uno de los acusados estuvo ausente cuando se dictaron las sentencias: Paul Castellano, de quien en general se consideraba que estaba perdiendo el control, a juzgar por la evidencia de las grabaciones que las agencias estadunidenses y ahora los abogados defensores, habían estado escuchando. Un edicto en contra de la heroína que había emitido varios años atrás había desestabilizado seriamente a su familia. Ahora su misma casa tenía micrófonos ocultos, no podía controlar a la gente de los sindicatos e intentaba imponer a sus subjefes a un hombre que no era más que chofer, pero a quien le había informado de las actividades de la Comisión. Unos días antes de la Navidad de 1985, tanto él como el chofer aspirante a jefe fueron abatidos a tiros enfrente del restaurante Sparks, en la Tercera avenida y la calle 46 de Manhattan, por tres hombres con impermeables y sombreros fedoras. Es casi un hecho que el asesinato fue ordenado por John Gotti, un ambicioso *capo* de la familia Gambino de Castellano, sin embargo, debe haber obtenido el visto bueno de la Comisión.

El maxi proceso en Sicilia

Un mes después de la sentencia, en febrero de 1986, se inició lo que se llamaría el "Maxi Proceso" de la mafia siciliana en una fortaleza de máxima seguridad especialmente construida, conectada con la prisión Ucciardone, en Palermo. Habían 456 acusados que enfrentaban una enorme variedad de cargos.

Uno de los primos Salvo no pudo estar presente, había fallecido de cáncer en una clínica suiza; Totò Riina todavía estaba escondido. Pero Luciano Leggio estuvo ahí y también estuvo Pippo Calò, el jefe de la familia Porta Nuova de Buscetta, quien se había convertido en emisario de la *Cosa Nostra* en Roma, donde tenía once departamentos. En uno de ellos, la policía encontró once kilos de heroína pura y en otro una vasta cantidad de explosivo T4, que estaba relacionado con un ataque con bomba criminal en el tren expreso de Nápoles a Milán, en 1984, donde resultaron muertas 16 personas y lesionadas 200; y que hasta entonces se pensaba había sido el trabajo de terroristas de derecha. La idea era desviar la atención del público del testimonio proporcionado por Buscetta y otros informantes. Una presentación tardía a los juicios fue Michele "El Papa" Greco, quien fue arrestado en una redada efectuada en la madrugada, en una granja a unos 40 kilómetros al Este de Palermo, poco después del inicio del juicio. Hasta entonces, había sido juzgado "en ausencia".

La acusación, una obra extraordinaria producto de la labor de Falcone y su equipo, tenía una extensión de más de 8000 páginas y ahora incluía el testimonio de numerosos *pentiti*, entre ellos un aliado y amigo cercano de Tommaso Buscetta. Sin embargo, se había reunido con un gran costo. En abril de 1985, se llevó a cabo un ataque con bomba contra un juez investigador en Trapani y aunque éste escapó sin lesiones de consideración, una señora y sus niños que transitaban por el lugar resultaron muertos. Después de eso, en julio y agosto de 1986, en un lapso de nueve días entre uno y otro, el jefe de la Policía de Palermo, Giuseppe Montana y el subcomandante de su Brigada Móvil, Antonio Cassara, fueron asesinados. Para entonces, la mitad de los hombres de Cassara habían solicitado con éxito ser transferidos fuera de Sicilia.

No obstante, había señales de esperanza conforme el juicio continuaba. Leoluca Orlando, un joven político radical, resultó electo alcalde de Palermo en julio de 1985, y él convirtió a la ciudad en un participante "en ausencia" de los procedimientos. Hablaba en forma abierta acerca de la mafia dondequiera que fuese y asistió al Maxi Proceso, logrando un efecto positivo al sentarse junto a las familias de las víctimas de la mafia. La ciudad cobró ánimos y nació lo que se conocería como "la Primavera de Palermo". Hubo manifestaciones públicas de apoyo por parte de los estudiantes de las universidades, además, los jesuitas locales emprendieron una campaña para persuadir a la Iglesia Católica de que al menos hablara en contra de la *Cosa Nostra*.

Al final, el juicio se alargó durante casi dos años. No obstante, 344 de los acusados fueron encontrados culpables. Se emitieron 19 sentencias de cadena perpetua a los jefes de la mafia, entre ellos Leggio, Pippo Calò y "El Papa". Sin embargo, el juicio fracasó en llegar a un nivel más elevado que las proximidades de lo que se llamó "el Tercer nivel de la mafia", es decir, los políticos que la habían respaldado y sostenido. Se volvió evidente que esta red todavía continuaba muy activa. Durante el proceso de investigación, Falcone le dijo a todos aquellos que escuchaban: "Durante meses y meses hemos solicitado hombres y medios... pero poco se ha hecho". Después del juicio, Falcone simplemente fue relegado a otro puesto inferior. Otro hombre fue escogido para ocupar el cargo de Fiscal en Jefe de la isla, un hombre cuyo último caso como fiscal de casos penales había sido en el Norte de Italia, en 1949, y Falcone fue obligado a aceptar un empleo en el Ministerio de Justicia en Roma. Hubo pocas investigaciones nuevas y existía el temor general de que aquellos acusados condenados pronto tuvieran sus sentencias anuladas en el tribunal de apelaciones, como había ocurrido una y otra vez en el pasado. Las flores de "la Primavera de Palermo", en la ausencia de cualquier estímulo del gobierno nacional, comenzaron a marchitarse.

Tanto se habían marchitado que para el año de 1991 fue muy evidente cuando un pequeño empresario de Palermo, de nombre Libero Grassi, hizo público el hecho de que se rehusaba a pagar protección a la mafia. Se presentó en la televisión nacional para denunciar la extorsión de la mafia y poco tiempo después, por casualidad, murió de un balazo afuera de su casa. A pesar de la "Primavera de Palermo", prácticamente casi nadie aparte de su familia directa asistió a su funeral. Era la misma vieja historia, una que había perjudicado eficazmente tantos juicios en el pasado: Nadie vio, nadie se dio cuenta, nadie pudo decir nada. Sin embargo, quince años después, en octubre de 2006, los hermanos mafiosos Francisco y Salvino Madinia fueron encontrados culpables del asesinato de Grassi.

Giovanni Falcone trabaja tras bambalinas

Y aún así algo ocurría tras bambalinas, algo que incluso ahora es muy difícil de leer. Giulio Andreotti había sido el Primer Ministro italiano entre 1989 y 1992, y este periodo al final resultaría ser crucial. A pesar de que Andreotti pronto designó como su Ministro del Interior a un hombre que más adelante se sabría era un asociado cercano de la Camorra napolitana, y a pesar de que hizo campaña con gran ímpetu por al menos un flagrante candidato de la mafia para el Parlamento de Sicilia, de alguna manera el combate contra la *Cosa Nostra* continuó. Con la ayuda de Falcone dentro del Ministerio de Justicia, se aprobó una nueva legislación, estableciéndose una nueva policía antimafia nacional y una oficina de un fiscal antimafia, entre otros cambios. Mientras tanto, Andreotti, es cierto que bajo presión tanto de legisladores como de la opinión pública después del asesinato del empresario Libero Grassi, se rehusó a permitir la liberación de aquellos acusados encontrados culpables en el Maxi Proceso, dejando pendiente su apelación.

Ya había habido una apelación en Palermo y la mafia había ganado. El tribunal había rechazado lo que llamó "el teorema Buscetta", la idea de que pertenecer a la Comisión durante un periodo en particular también significaba tener responsabilidad por los asesinatos ocurridos durante ese periodo. Sin embargo, en el verano de 1991 iba a presentarse la mayor prueba de todas: La audiencia final de los casos en el Tribunal Superior de Apelaciones en Roma, donde se esperaba en general que las sentencias fuesen revocadas.

Se asumía que el caso se presentaría ante el juez Corrado Carnevale, quien era conocido en los círculos legales como *amazzasentenze* o "asesino de sentencias". Carnevale ya había anulado las sentencias de más de 400 miembros de la *Cosa Nostra*. Según un *pentiti* posterior, los líderes de la *Cosa Nostra* consideraban ya como un hecho que sus casos resultarían juzgados de la misma manera.

Pero no fue así. Bajo la enorme presión de los miembros del Parlamento y del Poder Judicial, así como del Ministerio de Justicia, el Presidente del Tribunal, quien tenía la última palabra, nombró, en lugar de Carnevale, a otro juez con una reputación de completa honestidad. En enero de 1992, las sentencias fueron confirmadas.

La *Cosa Nostra* le declara la guerra al Estado

Menos de dos meses después de la decisión de confirmar las sentencias, la mafia le declaró la guerra al Estado. Su encargado de arreglarlo todo en Roma, Salvo Lima, quien se suponía que lograría que los juicios resultaran en la forma que quería la *Cosa Nostra*, fue asesinado a balazos por sicarios en motocicletas en Mondello, un centro turístico de playa, el 12 de marzo. Se creía que Lima era intocable. Había sido alcalde de Palermo siete veces y era un hombre de enorme poder, ampliamente conocido, incluso en el Parlamento Europeo, en Estrasburgo, como el "Virrey de Sicilia". Así que su muerte, justo cuando se iniciaba una nueva campaña electoral, representó el mensaje más claro posible para el gobierno central: Si nos desobedecen es bajo su propio riesgo. Cuando esto ocurrió, Lima se encontraba muy ocupado en los preparativos para la llegada de Andreotti, lo cual iba a ocurrir en pocos días, con el fin de apoyar a sus candida-

Giovanni Falcone, el juez "antimafia", retratado aquí con su esposa. Los señores Falcone fueron asesinados por una bomba de la mafia, el 23 de mayo de 1992.

tos demócratas cristianos. Lo que sucedió fue que Andreotti tuvo que llegar antes para asistir al funeral de Lima. Según se dijo en diversos medios, Andreotti se encontraba visiblemente impactado e impresionado.

No obstante, Riina y la Comisión no se detuvieron ahí. El 23 de mayo, Giovanni Falcone y su esposa volaron desde Roma para pasar el fin de semana en su casa de Palermo. Viajaron en un vuelo secreto en un avión del gobierno y fueron recibidos en el aeropuerto por un grupo de guardaespaldas. Sin embargo, también tuvieron a alguien más que los esperaba: Un pistolero de la mafia que utilizaba un teléfono celular para alertar a un grupo de sicarios, quienes aguardaban afuera del aeropuerto en una vuelta del camino hacia la autopista a Capaci. El grupo vigilaba encima de una tubería del drenaje ubicada por debajo de la autopista, la cual habían llenado con 500 kilos de explosivo plástico unos días antes. Cuando la caravana de Falcone se aproximó, uno de ellos presionó el detonador.

Los guardaespaldas en el coche que encabezaba la caravana fallecieron de forma instantánea, aquellos que iban en el coche detrás del auto de Falcone resultaron con lesiones menores. Sin embargo, Falcone, quien conducía el segundo coche, y su esposa y otro juez que venía a su lado, fallecieron esa noche, poco después de ser trasladados al hospital.

Paolo Borsellino, un amigo de Giovanni Falcone, fue asesinado el 19 de julio de 1992, con un coche bomba estacionado afuera de su departamento en Capaci.

El amigo de Falcone, Paolo Borsellino, que había ocupado su antiguo empleo en Palermo a fines de 1991, llegó a la sala de urgencias a tiempo para verlo morir. Las personas dijeron más tarde que al parecer ahí hizo una promesa. Después de eso, comenzó a trabajar con mayor empeño que antes: Entrevistaba a los nuevos *pentiti* que aparecían, hacía seguimiento y comprobaba su información. Su fiscal asistente dijo: "Era un hombre con una prisa tremenda... alguien que sabía que sus horas estaban contadas... Sentía que el tiempo se le agotaba".

El 19 de julio, mientras los noticieros de Milán exponían cada vez más lo extendida que estaba realmente la corrupción por toda Italia, el tiempo se agotó. Borsellino, luego de tomarse un domingo libre, algo raro en él, hizo una llamada a su madre en Palermo y le dijo que la iba a visitar. Sin embargo, la llamada fue intervenida y un coche equipado con una bomba fue colocado a toda prisa afuera del edificio de departamentos de su madre. Cuando Borsellino llegó, sus seis guardaespaldas se distribuyeron y ocuparon sus posiciones con sus ametralladoras preparadas. Pero en ese momento el coche bomba estalló y los siete, uno de ellos una mujer, volaron en pedazos. Los departamentos al frente de la calle, hasta el cuarto piso, quedaron destruidos, a pesar de que la calle donde estaba el coche se encontraba a diez metros de distancia.

Entre las muertes de Falcone y Borsellino, el juez Corrado Carnevale, del Tribunal Superior de Apelaciones, pronunció una sentencia en otro caso de la mafia surgido del Maxi Proceso organizado por Falcone. Carnevale afirmó que no había tal cosa como la Comisión o la *Cupola*, ninguna persona como un Don, ni ninguna gente como los "Hombres de Honor", repitiendo como loro la vieja frase siciliana de : "¿mafia? ¿Cuál?". Carnevale fue transferido en fecha posterior a otro puesto lejos del Tribunal. Poco después, sería investigado por primera vez.

En 1993, Carnevale fue suspendido debido a sus relaciones con Giulio Andreotti, quien fue enjuiciado por sus nexos con la mafia. En 2001, Carnevale fue sentenciado a seis años de prisión acusado de conspiración criminal con la mafia. Sin embargo, el veredicto fue revocado al año siguiente y Carnevale regresó a su puesto en 2007.

Los funerales: El público reacciona

A pesar de todo, las muertes de Falcone y Borsellino provocaron muchos cambios. Unas 40 000 personas asistieron al primer funeral, el de Falcone y las otras víctimas de "la masacre de Capaci". En el servicio fúnebre, la joven viuda de uno de los policías muertos literalmente ordenó a los líderes del país reunidos que se pusieran de rodillas. Después de recordar y elogiar a su esposo, dijo: "El gobierno, el gobierno; ¿por qué están los mafiosos todavía dentro del gobierno? Los perdono, pero pónganse de rodillas. Ellos no cambian, hay demasiado derramamiento de sangre. No existe amor aquí, no existe amor aquí, no existe amor aquí. No existe nada de amor".

Muy pronto aparecieron carteles escritos con frases en todos los balcones de Palermo: "Falcone, continúas vivo en nuestros corazones"; "Sé lo que pasó, pero no puedo probarlo"; "Palermo entendió, ¿pero ha entendido el gobierno?". Esto pronto se difundió por las escuelas. Hubo varias manifestaciones públicas y proyectos de trabajo. Los estudiantes incluso fueron a un poblado donde en fecha reciente había habido una guerra de la mafia y lo ocuparon simbólicamente durante un día.

Pero después de la segunda muerte, el estado de ánimo cambió a enojo y desesperación. La esposa de Borsellino rehusó el ofrecimiento de efectuar un funeral de estado para su esposo. Sin embargo, cuando se llevó a cabo uno en la catedral de Palermo, como estaba previsto, para los guardaespaldas que habían sido asesinados, los políticos nacionales y el jefe de la policía de Palermo, tuvieron que ser protegidos de la furia de la muchedumbre y de muchos de los policías presentes. El escándalo de *Tangentopoli* ("La ciudad del soborno"), el complicado sistema de sobornos y "mordidas" en todos los niveles del gobierno italiano, comenzó a alcanzar a funcionarios gubernamentales del más alto nivel y el futuro se veía horriblemente sombrío. El periódico *The Observer*, de Londres, escribió en esas fechas: "El país se encuentra en un estado de caos, un estado de guerra. Tiene la tasa más elevada de asesinatos en la Comunidad Europea, la corrupción más desenfrenada y descarada, una economía en crisis, un gobierno torpe y una población angustiada y preocupada".

Totò Riina es arrestado: El surgimiento de los pentiti y de Giulio Andreotti

Sin embargo, para los ciudadanos de Palermo, había poca esperanza. Después de ocurrido el asesinato de Borsellino, se enviaron 7000 soldados a Sicilia para levantarles la moral. No mucho tiempo después, fue hecho prisionero un mafioso y, finalmente, el 15 de enero de 1993, también fue capturado Totò Riina, después de vivir en la "clandestinidad" durante veinticuatro años. "¿Y tú quién eres?", fue la primera pregunta que Riina hizo cuando fue sacado de un coche

Totò Riina en el tribunal.

y lanzado al suelo en una banqueta de Palermo. Parecía estar a la espera de alguna clase de golpe de estado desde el interior de la *Cosa Nostra*, así que esperaba a cualquier otro menos a un policía encubierto, y al parecer se sintió aliviado con la respuesta.

El hombre que condujo al comando de policía hasta él era un *pentito* reciente, de nombre Baldassare Di Maggio, quien creía que Riina lo había condenado a muerte. Una vez que fue arrestado por la policía, se dio cuenta de que por fin se había quedado sin más opciones, así que comentó: "Soy un hombre muerto, pero soy un hombre de honor. Puedo llevarlos donde se encuentra Riina".

Con Totò Riina en prisión, varios *pentiti* que habían estado de acuerdo con anterioridad en proporcionar evidencia debido a que, según palabras de uno de ellos, "la *Cosa Nostra* ha emprendido una estrategia de muerte irreversible", empezaron a cantar una nueva melodía. En sus casas de seguridad por toda Italia y, en el caso de Buscetta, en algún sitio de Estados Unidos, comenzaron a cantar acerca de Andreotti. Y fue para su muy buena suerte y la del país, el hombre que los escuchó se llamaba Gian Carlo Caselli, el nuevo fiscal general de Palermo, recientemente nombrado y, en las palabras del historiador Paul Ginsborg: "El más valiente y dedicado servidor público en la Europa de su tiempo". Fue Caselli, después de escucharlos a todos, quien en marzo de 1993, le informó formalmente a Andreotti, el político con más años de servicio de la República Italiana y seis veces Primer Ministro, que se encontraba siendo investigado por estar coludido con la *Cosa Nostra*.

La ciudad de Nueva York a la caza de la mafia.

22. La política de la mafia

Uno ingresa al mundo de la política italiana de la posguerra bajo su propio riesgo. Ésta consistía en un amasijo de alianzas y bloques de poder en cambio constante, de nuevas conformaciones traicioneras, de favores otorgados, comerciados y cobrados. Y todo el asunto, todo el muladar tenebroso de manipulaciones laberínticas, era impulsado por una mezcolanza de patrocinio político y dinero.

Expresado de la manera más simple, los políticos del periodo de la posguerra tuvieron más recursos a su disposición que en cualquier otra época en la historia de Italia y además pudieron canalizar estos recursos más o menos en cualquier dirección que desearan. Por consiguiente, para ellos tuvo mucho sentido utilizar este poder financiero para ayudarse a mantenerse en los puestos políticos, es decir, para construirse una base de poder a través de aquellos que ahora poseían estos puestos por haber sido favorecidos.

Ya que esto era muy parecido a la manera en que actuaba la mafia siciliana, fue relativamente fácil para ésta insertarse en este sistema de distribución que, para expresarlo de forma cruda, significó dinero a cambio de los votos. Así que organizaron muchas de las oficinas locales de los demócratas cristianos, atrajeron a nuevos miembros y entregaron los votos. Cuando se volvió evidente que esto era lo que se necesitaba hacer, actuaron para tomar el control de aquellos gobiernos municipales locales que no poseían todavía.

Éste fue un paso crucial, ya que controlar al gobierno municipal, en particular en Palermo, les otorgó la libertad de operar sin ningún impedimento para contaminar y efectuar construcciones de mala calidad y para obtener licencias de construcción donde quiera y para lo que fuera que desearan. Esto se logró triunfalmente durante la época del gran auge de la construcción al final de la década de 1950, cuando dos de ellos, Salvo Lima y Vito Ciancimino, se convirtieron en alcalde y supervisor de obras públicas respectivamente en la misma administración en Palermo. Buscetta más adelante afirmó que el padre de Lima era un hombre "formado" de la mafia, y que Ciancimino casi con toda seguridad había entrado a formar parte de la familia corleonese, que llegó a ser controlada por Totò Riina. Pero por lo menos, ambos estuvieron en contacto constante con la mafia, así como con sus amigos Nino e Ignazio Salvo, quienes amasaron sus primeras fortunas en el lucrativo negocio de la recaudación de impuestos.

Una vez que se había logrado el primer paso (conseguir la libertad de actuar localmente sin impedimentos o incluso sin mucho interés de sus jefes en Roma, mientras los votos se estuvieran entregando), los tentáculos de *la piovra*, el pulpo de la mafia, comenzaron a extenderse. Salvo Lima, en la época en que se convirtió en un miembro del Parlamento, en 1968, era inmensamente poderoso, a la vez que extremadamente rico, y eligió en verdad con mucho cuidado al hombre a quien ahora le ofrecía el remunerativo trabajo de Sicilia.

Salvo Lima, los Salvos y la "Apoteosis"

Giulio Andreotti, orejón, jorobado, con anteojos, surgió después de la Segunda Guerra Mundial de diversas organizaciones de estudiantes católicos y del Vaticano, para convertirse

Giulio Andreotti siempre mantuvo nexos muy fuertes con Sicilia.

en 1947, a la edad de 28 años, en Ministro. De ahí en adelante, sirvió prácticamente en todos los gobiernos, pero nunca había ocupado el cargo de Primer Ministro, ya que su grupo y su influencia en el Partido Demócrata Cristiano tenían una base muy estrecha. Con la ayuda de Lima en Sicilia, por fin pudo obtener lo que deseaba. Y así también pudieron conseguirlo Lima y sus amigos.

Los *Andreottani*, como se les conoció en la isla, pronto lograron una reputación de corrupción desenfrenada, y a pesar de que el mismo Andreotti siempre afirmó no tener conocimiento en lo absoluto de lo que ocurría, esta idea está en franca oposición a su reputación como un incansable y sutil observador de hechos. Visitaba con regularidad la isla para las campañas electorales y se daba tiempo para discutir sobre los asuntos sicilianos. Cuando el corrupto Ciancimino, tras haber fracasado en construir su propia base de poder en Sicilia, fue a visitarlo en noviembre de 1976 para hacer las paces, él y Salvo Lima fueron recibidos muy cortésmente en la oficina ministerial de Andreotti. Lima describió la reunión como "dirigida al establecimiento de una pacificación general de Palermo".

En 1979, Andreotti voló a Palermo a encabezar un enorme mitin político a favor de la candidatura de Salvo Lima para el Parlamento Europeo. Con los acordes del Himno Nacional, subió al estrado con Lima, para ahí ser rodeado por toda la plana mayor siciliana: Piersanti Mattarella, el presidente regional de los demócratas cristianos (asesinado a tiros al año siguiente), su secretario, Rosario Nicoletti (quien se suicidó en 1984, después de ser acusado de estar coludido con la *Cosa Nostra*), Vito Ciancimino (arrestado y sentenciado por mafioso cinco años después y quien fue el primer político italiano en ser declarado culpable de formar parte de la mafia), y Nino Salvo (arrestado en el transcurso del Maxi Proceso, aunque falleció antes de ser sentenciado; su primo Ignazio fue asesinado a tiros en Palermo, en 1992, después de ser declarado culpable). Al mitin político le siguió un banquete para 300 invitados en el Hotel Zagarella, propiedad de los Salvo, en los suburbios de Palermo. Todo el evento, dijo un testigo más adelante, fue "como una apoteosis", a pesar de que Andreotti afirmó en fecha posterior no conocer en lo absoluto a los Salvo.

Andreotti se enfrenta a la comisión

En fecha posterior a todo esto, en 1980, Andreotti regresó a Palermo en un avión contratado por los Salvo, para su primera reunión directa con la Comisión. Se encontraba ahí para averiguar por qué Piersanti Mattarella había sido asesinado y el sitio de reunión fue un pabellón de caza propiedad de la mafia, a las afueras de la ciudad. Lima y los Salvo también se encontraban ahí, y uno de los *pentiti* posteriores, quien estuvo de guardia afuera de la casa, dijo que se escucharon gritos. Stefano Bontate, el jefe de la *Cosa Nostra* que estaba encargado de las relaciones con los políticos y que fue asesinado por Riina un año después, más tarde le contó cuál había sido el mensaje que le habían dado a Andreotti: "En Sicilia nosotros damos las órdenes. Y si no quieres que desaparezcan por completo (los demócratas cristianos), debes hacer lo que decimos. De otra manera, te quitaremos tus votos, no sólo en Sicilia, sino... en todo el Sur de Italia. Únicamente podrás contar con los votos del Norte y, de todos modos, allá arriba todos ellos votan por los comunistas. Así que te las tendrás que arreglar con eso".

Buscetta, quien era un buen amigo de Bontate, más adelante describió a los demócratas cristianos de Andreotti como: "La facción política de la *Cosa Nostra*." Otro *pentito* mafioso, quien fue concejal en Palermo, abundó más. Llamó a los demócratas cristianos prácticamente como una familia de la mafia, una donde Andreotti era conocido por los sicilianos como el "Tío Giulio", exactamente de la misma manera en que Riina era conocido como el "Tío Totò". Andreotti, Lima y Bontate, casi con toda seguridad tenían una relación más profunda a través de la Masonería, al ser miembros de una logia masónica secreta, llamada *Propaganda Due* (P2), pero ésa es otra historia, muy oscura por cierto.

23. El escándalo de P2: Roberto Calvi, el Vaticano y la mafia

En marzo de 1981, una fuerza policiaca financiera, cumpliendo órdenes de los jueces que investigaban la quiebra bancaria de Michele Sindona, efectuaron una redada en una finca en las afueras de Florencia, propiedad del financiero Licio Gelli y descubrieron en su oficina una lista parcial de miembros de una logia hasta ese momento secreta, la P2. Gelli era su Gran Maestro Excelentísimo. La lista, que llegaba hasta el número 1600, incluía los nombres de todos los jefes de los servicios secretos, doce generales de los *carabinieri*, cinco de la Policía Financiera, 22 del Ejército, cuatro de la Fuerza Aérea y ocho almirantes. Catorce jueces estaban incluidos ahí, 44 miembros del Parlamento y diez presidentes de bancos. También estaban los nombres de Michele Sindona, del periodista fallecido Mino Pecorelli y de un empresario y futuro Primer Ministro, de nombre Silvio Berlusconi.

La policía también encontró en la casa de Gelli archivos de documentos ultra secretos que Gelli debe haber recibido de los miembros de P2 del servicio secreto, los cuales aparentemente se intentaban utilizar, o ya se habían utilizado, para propósitos de chantaje. También había evidencia clara, de un complot de P2 para instigar un golpe de estado en el gobierno por parte de fuerzas de derecha, así como un documento curioso, relacionado con el depósito de siete millones de dólares en una cuenta de un banco suizo del

El ex presidente socialista Bettino Craxi, con el tiempo se fue a radicar a Túnez por 25 años.

secretario del Partido Socialista, Bettino Craxi, por el banquero y miembro de P2, Roberto Calvi.

La Masonería en Italia fue prohibida por Mussolini; sin embargo, volvió a resurgir por influencia de los estadunidenses después de la Segunda Guerra Mundial, como un bastión secreto en contra del comunismo. No obstante, para 1971, era evidente que había logrado poco para contrarrestar la agitación social de la década previa. Así que el Gran Maestro de una de las agrupaciones más poderosas de la Masonería, la *Grande Oriente d'Italia*, le solicitó al impenitente fascista Gelli que volviera a constituir la antigua logia llamada "Propaganda", ahora como Propaganda 2.

En los documentos descubiertos en fecha posterior en un maletín que intentaba sacar de contrabando del país la hija de Gelli, resulta evidente quiénes eran los enemigos de P2: El Partido Comunista y el movimiento sindical. En último término, el objetivo era el "control general" del gobierno, el cual se lograría a través de un programa de corrupción extensa. P2 ya había comprado el principal periódico de Italia, el *Corriere della Sera*, y su capital se había incrementado con la ayuda de una inversión proveniente del banco del Vaticano, el Instituto para las Obras Religiosas, el cual era controlado por el arzobispo Paul Marcinkus, nacido en Chicago.

Para el momento en que se encontró el maletín sacado de contrabando, Roberto Calvi, cuyos nexos con el Vaticano y Marcinkus le habían ganado el sobrenombre de "El Banquero de Dios", había fallecido. Lo habían encontrado colgado del puente Dominicos de Londres. Su banco, el Banco Ambrosiano, que había asumido de parte de Sindona el trabajo de lavar el dinero obtenido por la mafia con las drogas, recientemente se había ido a la quiebra con deudas por valor de 1300 millones de dólares. El servicio médico forense de Londres dictaminó que su muerte había sido un suicidio, pero una investigación más a fondo efectuada en 1993 concluyó que había sido asesinado, posiblemente por masones, quizá por los miembros de P2 conocidos como *frati neri* o "dominicos".

En esas fechas, el *pentito* italiano Francesco Marino Mannoia nombró al hombre que lo había asesinado: Un narcotraficante de la mafia convicto, Franco Di Carlo, obedeciendo las órdenes de Licio Gelli y Pippo Calò. El maletín que Calvi tenía consigo en Londres había reaparecido, aunque fuese por breve tiempo. El maletín y su contenido los había comprado un Obispo del Vaticano por una cantidad de dólares de ocho cifras y los cheques habían sido cobrados en el banco del Vaticano controlado por Marcinkus.

Roberto Calvi (en el recuadro), fue encontrado colgado del puente Dominicos de Londres.

Tanto Marcinkus como el Obispo quedaron exentos de ser llevados a juicio en Italia, como ciudadanos del estado soberano del Vaticano. Gelli fue arrestado en Suiza y llevado de vuelta, pero se escapó de prisión en un helicóptero y huyó a sus propiedades en Uruguay. Y a pesar de que posteriormente fue extraditado a Italia, de nueva cuenta de Suiza, el acuerdo de la extradición implicó que sólo podía ser juzgado por delitos financieros relacionados con la quiebra del Banco Ambrosiano, a pesar de que había sido acusado formalmente por el asesinato de Roberto Calvi. Sin embargo, en fecha posterior fue declarado culpable de haber financiado un ataque con bomba en la Estación Central de Bologna, en 1980, con un costo de 85 vidas, aunque no cumplió ninguna condena en prisión. Sólo al general Gianadelio Maletti, de los servicios secretos, se le llegó a dar una sentencia sin suspensión por el asunto del P2, pero para ese tiempo ya había escapado a Sudáfrica. Bettino Craxi, el ex primer ministro socialista de Italia, más adelante siguió el mismo camino y se marchó a residir en su casa en Túnez, de donde no pudo ser extraditado, aunque fue sentenciado en ausencia a 25 años de prisión.

Franco Di Carlo se convirtió en *pentito*, pero negó que hubiese matado a Roberto Calvi, a pesar de que Pippo Calò, según dijo, se lo había pedido. Di Carlo declaró que los asesinos fueron Sergio Vaccari y Vincenzo Casillo, quienes pertenecían a la Camorra en Nápoles, pero que ya habían sido asesinados. Sin embargo, en julio de 2003, Pippo Calò, Flavio Carboni, Manuela Kleinszig, Ernesto Diotallevi y el ex chofer y guardaespaldas de Calvi, Silvano Vittor, fueron enjuiciados por el asesinato en un juzgado especialmente fortificado en la prisión Rebibia de Roma. En junio de 2007, los cinco acusados fueron absueltos por "falta de pruebas" para poder condenarlos por asesinato. La absolución fue confirmada por el tribunal de Cassation, en noviembre de 2011.

La mafia y los masones

¿Qué tanto estuvo implicada la mafia en la P2? La respuesta es que nadie lo sabe en realidad. Sin embargo, es seguro que algunos miembros importantes de la *Cosa Nostra* estuvieron involucrados, junto con Lima, Calvi y Sindona; es muy probable que para ello haya habido una red de logias provinciales aliadas, en particular en Sicilia y Calabria. Un funcionario de alto rango de la Gran Logia de Oriente proporcionó evidencias de nexos entre los masones y la mafia, y otro Gran Maestro llegó aún más lejos al revisar los registros de su logia, para luego renunciar y afirmar: "He visto a un monstruo". También existe evidencia de que a finales de la década de 1970, los miembros de la mafia se unieron a logias masónicas en números importantes y que el alcalde de Palermo, Leoluca Orlando, siempre ha insistido que la *Cosa Nostra* y la Masonería ahora están interrelacionadas de forma muy importante.

La evidencia de esta interrelación emergió a la luz como resultado del trabajo efectuado por un juez en Calabria, quien investigaba un fraude en la Comunidad Económica Europea (CEE). El juez descubrió unas cartas entre Gelli y una logia masónica calabresa de la localidad; después pudo mencionar a Gelli, junto con otros 128, como profundamente implicados en una red de tráfico de armas, drogas y metales preciosos que él había descubierto. No obstante, la investigación no prosperó. El per-

El dictador argentino Juan Domingo Perón.

sonal del juez de inmediato fue reducido a la mitad y a él se le negó cualquier ascenso. En fecha posterior, afirmó que algunos policías corruptos en logias dominadas por criminales le impedían que llevara a cabo su trabajo y proporcionó una lista de los jueces masones que ayudaban al crimen organizado. Incluso informó a una comisión antimafia en Roma que uno de sus miembros era un hombre, hasta ahora desconocido, de P2.

Al final, todo el asunto de P2 desapareció más o menos, a pesar de que las primeras noticias al respecto habían hecho caer al gobierno de esa época. La investigación judicial les fue arrebatada de las manos a los jueces y transferida a la oficina del Fiscal en Roma, donde en 1994, un juez al final pronunció un veredicto en el que dictaminaba que P2 era una logia masónica "normal", secreta sólo para el sordo y el analfabeta. El veredicto de la Suprema Corte fue más equilibrado, pero en esencia estuvo de acuerdo en que P2 no era una conspiración, ¡sino "un comité de negocios"!

¿Y el Gran Maestro de este "comité de negocios" fue realmente Giulio Andreotti, tal como la viuda de Roberto Calvi juraba que era? La mayoría de los italianos no pueden creer que no lo haya sido, ya que el maestro manipulador parecía estar inmiscuido en todo. Sin embargo, nunca ha habido ninguna evidencia en ningún sentido o el otro. Andreotti aceptó que en una ocasión se topó con Gelli, en la residencia oficial en Buenos Aires del dictador argentino Juan Domingo Perón, pero que únicamente lo había conocido con anterioridad como director de una empresa que fabricaba colchones. Andreotti dijo en un programa televisivo de entrevistas: "Pensé: 'Esa persona se parece al director de la fábrica de colchones Permaflex, en Frosinone' ".

El beso: La reunión entre Andreotti y Riina

Sin embargo, Andreotti conocía a Totò Riina, o así lo afirmó el *pentito* Baldassare Di Maggio, quien era el chofer de Riina y lo había entregado a la policía de Palermo. En 1993, una vez que Riina estuvo bien resguardado en prisión, Di Maggio les habló a los investigadores acerca de un día, durante el Festival de la Amistad anual de los demócratas cristianos, en septiembre de 1987, cuando se le pidió recoger al "Tío Totò" para una reunión importante.

Andreotti había estado en Palermo ese día para pronunciar dos discursos en el hotel Villa Igiea: El primero en la mañana y el segundo a las seis de la tarde. Así que como tenía algún tiempo libre, despidió a sus guardias y acordó reunirse con ellos más tarde ese mismo día. Andreotti no almorzó con las otras personas en el restaurante del hotel. Él, en efecto, desapareció.

Mientras tanto, Baldassare Di Maggio fue a recoger a Totò Riina, como se había acordado, y lo llevó a la casa donde vivía Ignazio Salvo, que se encontraba bajo arresto domiciliario mientras aguardaba una sentencia del Maxi Proceso. Más tarde, Di Maggio describió con gran detalle la distribución de la casa, así como el mobiliario de la *suite* adonde fueron conducidos los dos hombres por el chofer y asistente de Salvo. Dijo que tres hombres estaban sentados ahí: Ignazio Salvo, Salvo Lima y Giulio Andreotti, "a quien reconocí sin ninguna sombra de duda". Di Maggio agregó que éste último le dio un beso a Ignazio Salvo y le estrechó las manos a los otros antes de retirarse a otra habitación, pero "Riina, por otro lado, besó a las tres personas, Andreotti, Lima y Salvo".

En la mafia, un beso en ocasiones significa una sentencia de muerte. Pero también es el símbolo máximo de respeto.

En esta ocasión, simbolizó que se trataba de una reunión entre iguales, una cumbre entre jefes de Estado. El "Tío Totò" y el "Tío Giulio" se reunían para discutir asuntos de importancia vital y quizá también mortal.

Cualquiera que haya sido lo que se dijo, Di Maggio afirmó que la reunión duró de tres a tres horas y media. Él dio por hecho que el tema fue el Maxi Proceso, que ya había durado un año y medio para esa fecha y al que todavía le faltaban tres meses más. La *Cosa Nostra* había intentado todo para arruinarlo. Habían tratado de remover al juez, acusándolo de parcialidad y mala conducta y habían fracasado. También habían exigido que todos los documentos en el caso, más de 8000 páginas, deberían ser leídos en el tribunal, para que así el juicio superara el tiempo permitido legalmente para que los acusados permanecieran en custodia, pero el Parlamento italiano había aprobado una nueva ley específica para impedir esto. Lo que Riina debe haber deseado saber es por qué diablos los demócratas cristianos no habían hecho algo más para impedir esta nueva ley. También debe haber exigido algunas garantías de Andreotti para el futuro.

Después de la reunión, Riina se mantuvo callado. Di Maggio simplemente lo llevó en el coche de regreso a su casa. En cuanto a Andreotti reapareció en su hotel, se reunió con sus guardaespaldas y arribó justo a tiempo para su segundo discurso del día.

Andreotti es enjuiciado

Para cuando una parte del relato de este testigo se hizo del conocimiento público, Andreotti ya había sido hecho a un lado como posible candidato a la Presidencia de la República debido a los nubarrones alrededor de su nombre. En lugar de ello, lo habían nombrado Senador Vitalicio, como una clase de premio de consolación. Sin embargo, esto significaba que tenía inmunidad judicial de por vida, una inmunidad que tenía que ser revocada si alguna vez se le quería enjuiciar. Sin embargo, para estas fechas, Buscetta había rendido su testimonio ante el Senado, afirmando que Andreotti encabezaba en efecto el ala política de la mafia, y otro *pentiti* había afirmado tajantemente: "El punto de referencia político más poderoso para la *Cosa Nostra* fue el senador Andreotti". Los jueces de Palermo también

Andreotti fue enjuiciado dos veces durante la década de 1990.

presentaron como evidencia un diario privado que había sido llevado por el asesinado general Dalla Chiesa. Los jueces habían declarado acerca de este diario: "Se puede descartar que el General escribió falsedades en un documento completamente personal". En este diario, Dalla Chiesa había registrado un cierto número de reuniones con Andreotti, entonces Primer Ministro de Italia. En una reunión se quejó de no recibir suficiente apoyo de los demócratas cristianos, y Andreotti respondió de forma ambigua. Contó la historia de Pietro Inzerillo, cuyo cadáver había sido enviado de regreso a Sicilia con dólares metidos en su boca. Los jueces dijeron que Andreotti definitivamente insinuaba que el General debería de pensarlo mejor antes ir demasiado lejos.

En otra reunión, Dalla Chiesa le dijo a Andreotti que no iba a favorecer a ningún político demócrata cristiano que pudiese estar involucrado en la corrupción. Se dice que Andreotti "se puso blanco" ante este aviso.

Con su inmunidad revocada, Andreotti fue interrogado por primera vez en diciembre de 1993. Desde luego, tenía recuerdos completamente diferentes de sus reuniones con Dalla Chiesa. También dijo que nunca había conocido a alguno de los Salvo (ambos estaban ahora muertos, al igual que Salvo Lima). Aún cuando fue careado con Baldassare Di Maggio, se mantuvo en completa calma.

A pesar de todo, fue enjuiciado en Palermo en 1995, por haberse asociado y estar coludido con la *Cosa Nostra* y además fue arraigado en Perugia por el asesinato de Mino Pecorelli. Entre los inicios escalonados de los dos juicios, en palabras del autor Peter Robb en su brillante obra *Media Noche en Sicilia*: "Su Santidad, el papa Juan Pablo II tuvo tiempo en el Vaticano para sostener fervientemente las manos de Andreotti entre las suyas, en una foto oportuna que los medios de comunicación describieron como 'casi un abrazo'. El ex Primer Ministro pareció animado por las atenciones del Santo Padre; pero un estudiante cuestionó al Papa desde el púlpito de la Iglesia de San Pedro por este acto, convirtiéndose en la primera vez que un Papa era cuestionado en su iglesia en setecientos años".

El papa Juan Pablo II tuvo tiempo en el Vaticano para sostener fervientemente las manos de Andreotti entre las suyas, en una foto oportuna que los medios de comunicación describieron como "casi un abrazo".

24. Un cambio de lealtad: El encumbramiento de Silvio Berlusconi y Forza Italia

Para estas fechas, la exención de la ley para los políticos que había regido en Italia desde la Segunda Guerra Mundial había desaparecido más o menos en su totalidad, debido a la enorme cantidad de acusaciones presentadas en contra de los políticos y burócratas en todo el país, en lo que llegó a conocerse como *Tangentopoli*. Además, con el Muro de Berlín derribado y la amenaza de Rusia neutralizada, Estados Unidos se sintió mucho menos inclinado a respaldar una administración que, con su ayuda y estímulo, se había vuelto irremediablemente corrupta.

La *Cosa Nostra* estaba de acuerdo. En las elecciones de 1994, el ex miembro de P2, Silvio Berlusconi y su partido de reciente fundación, Forza Italia, ganaron de forma abrumadora el poder en Italia y, también notablemente, en Sicilia. Se dijo que el nuevo jefe de la *Cosa Nostra* en ese lugar, Giovanni Brusca, había decidido castigar a los demócratas cristianos donde más les dolía. Brusca fue el hombre que había ordenado accionar el interruptor del detonador que había volado en pedazos a Giovanni Falcone. También tenía al hijo de doce años de uno de los *pentiti*, quien ya tenía dos años detenido; al final lo estranguló y lo disolvió en ácido. Se dijo que el asesinato fue ejecutado en su nombre por el hijo adolescente de Totò Riina, quien hizo una reverencia ante el cadáver, de acuerdo con una antigua costumbre, antes de que éste fuera arrojado en una tinaja; el adolescente fue acusado en fecha posterior por el crimen. A pesar de que Forza Italia perdió las siguientes elecciones nacionales en 1996, siguió manteniéndose en Sicilia, gracias en parte a Giovanni Brusca, quien, mientras tanto, se había dedicado a asesinar a todos los familiares de los *pentiti* que pudiese encontrar.

La mafia recoge los pedazos

Mientras el juicio en contra de Andreotti se prolongaba, hubo algunos logros. Brusca fue detenido finalmente en 1996, y no mucho tiempo después, también lo fue otro importante lugarteniente de Riina, Leoluca Bagarella. Gian Carlo Caselli también enjuició con éxito a Bruno Contrada, quien había sido jefe de la fuerza policiaca de investigación en Palermo, antes de ser ascendido al tercer puesto en el mando de los servicios secretos italianos. Fue Contrada, dijeron los *pentiti*, quienes ahora sumaban más de 500, el responsable de que Totò Riina no haya sido capturado en 23 años.

El juicio contra Giulio Andreotti, acusado de tener nexos con la mafia, en Palermo, se alargó por más de tres años y finalizó en 1999, con su absolución. Sin embargo, en 2002 fue sentenciado a 24 años en prisión por el asesinato del periodista Mino Pecorelli, quien había publicado declaraciones de que Andreotti tenía nexos con la mafia. No obstante, Andreotti, de 83 años, fue puesto en libertad de inmediato con su caso pendiente de apelación y, en 2003, su condena fue revocada por el tribunal de mayor jerarquía de Italia. El primer ministro Silvio Berlusconi condenó la absolución; el juez en Perugia que originalmente lo había declarado culpable, tuvo que recibir protección policiaca después de recibir amenazas de muerte. La justicia en Palermo continuó siendo poco fiable, por decir lo menos. Un jefe de la mafia, Vito Vitale, quien había sido capturado con grandes fanfarrias, también fue puesto en libertad sin tener que pasar por la farsa de una apelación. Por su parte, Totò Riina fue encontrado inocente, por primera vez en su vida, del asesinato de un juez, a pesar de que continuó en la cárcel acusado de más de cien asesinatos.

Como una medida del enorme poder continuado de la *Cosa Nostra*, en 1998 se llevó a cabo una verdadera reunión de alto nivel de los capos sicilianos detrás de los muros de la prisión de Ucciardone, con algunos invitados provenientes del exterior, quienes pernoctaron una noche antes de ser enviados fuera. Este acontecimiento, reportado ampliamente por los periódicos sicilianos, se describió como "discusiones constructivas". Se dice que Giovanni Brusca, en prisión por el secuestro y estrangulación del joven hijo del *pentito*, pronunció un conmovedor discurso acerca de la importancia de los valores humanos. En las palabras de Norman Lewis, en su libro *En Sicilia*, Brusca "recibió el apoyo de todos los presentes de que éste era el objetivo en común".

Bernardo "El Tractor" Provenzano

En cierto sentido, quizá ahora sí lo es. Es cierto que la tasa anual de criminalidad en Sicilia ha disminuido de varios cientos a cifras de dos dígitos. Con Brusca detrás de las rejas, el único personaje importante conocido de la mafia que se encontraba en fuga era el lugarteniente de Riina, Bernardo Provenzano, quien se había vuelto en contra de la campaña de bombazos que le habían conseguido tan mala publicidad a la mafia. También intentó reducir el flujo de los *pentiti*, no mediante asesinar a sus familias, sino tratando de restablecer las viejas reglas de la mafia, desechadas por Riina y Leggio, empleando la violencia sólo si era absolutamente necesario.

Se comunicaba únicamente mediante un mensajero a través de notas escritas a máquina (las "*pizzini*"), las cuales eran algo característico que comenzaran así: "Que el Señor los bendiga y proteja". A pesar de que Provenzano fue conocido en su juventud como *U Tratturi*, "El Tractor", debido a que, como un *pentiti* dijo, "siega la vida de las personas", tiempo después se le conoció como "El Contador", por su estilo más amable de liderazgo y su infiltración sistemática de las finanzas públicas.

En 2006, Provenzano, entonces de setenta y tres años, fue arrestado en una pequeña granja en las afueras de Corleone, su ciudad de residencia, después de que la policía le había seguido la pista a dinero lavado enviado por su esposa. Provenzano había evadido a la policía durante cuarenta y tres años. Había sido sentenciado en ausencia por más de doce asesinatos, incluidos los de Giovanni Falcone y Paolo Borsellino. Estaban pendientes diez órdenes de arresto más. Otros 57 mafiosos fueron encarcelados, con una suma total de 300 años en prisión, por protegerlo mientras se ocultaba de la justicia. La primera audiencia de Provenzano ante un tribunal fue mediante un enlace televisivo desde la prisión de alta seguridad en Terni, en el centro de Italia. Apareció en la pantalla al lado de Totò Riina, otro prisionero que Giovanni Brusca afirma que fue "vendido" a los Carabinieri por Provenzano a cambio de un archivo con material comprometedor que Riina tenía en su poder.

Ambos hombres recibieron varias cadenas perpetuas, las cuales cumplen en la actualidad en confinamiento solitario; su única comunicación es con sus abogados. A pesar de que ambos apelaron por su liberación por motivos de salud en 2011, es improbable que alguna vez vuelvan a disfrutar de la libertad.

25. *El Padrino* y *Buenos muchachos*: La mafia se vuelve más vieja y rica, pero continúa viva

La mafia ya no es lo que era. En Estados Unidos se ha convertido en el hazmerreír de la gente. Después del asesinato de Paul Castellano, John Gotti se apoderó de la familia Gambino. En lugar de tratar de pasar desapercibido, Gotti aparecía en público vistiendo trajes de 10 000 dólares hechos a la medida y pronto se le conoció como "El Don Apuesto". En Queens, su vecindario, organizó suntuosas fiestas y festivales callejeros y recibió los elogios de los vecinos por mantener el área sin crímenes. En la Pequeña Italia, saludaba de mano y posaba para fotografías con los turistas afuera del Club Social Ravenite, donde llevaba a cabo sus actividades de negocios y disfrutaba de la atención de los medios de comunicación.

Gotti ha cumplido sentencias tanto en prisiones estatales como federales y fue encarcelado por homicidio involuntario. Le disparó a un gánster irlandés estadunidense, de nombre James McBrantney, frente a un testigo en una cantina de Staten Island en 1973, luego de que McBrantney había secuestrado y asesinado al hijo de Carlo Gambino. Sin embargo, como jefe de la familia Gambino, Gotti fue conocido por los medios de comunicación como el "Don Teflón" cuando ganó dos casos en apariencia irrefutables por chantaje y agresión y por sobornar o amenazar a los jurados. Nada parecía pegársele.

Con informantes dentro de la policía, Gotti se mantuvo un paso adelante del Departamento de Policía de Nueva York. Sin embargo, ya había llamado la atención del FBI, que colocó micrófonos ocultos en sus teléfonos, su club y otros lugares de negocios. Para escapar a esto, utilizó teléfonos públicos, sostuvo sus reuniones mientras caminaba por las calles y hacía sonar cintas con ruido a todo volumen. Pero al final, el FBI lo grabó en un departamento arriba del club, discutiendo varios asesinatos y otras actividades delictuosas y, algo importante, grabaron a Gotti denigrando a su subjefe Salvatore "Sammy El Toro" Gravano. El 11 de septiembre de 1990, agentes del FBI y detectives de la ciudad de Nueva York efectuaron una redada en el Club Social Ravenite y arrestaron a Gotti, Gravano, Frank Locascio y Thomas Gambino. Gotti fue acusado de usura, chantaje, obstrucción de la justicia, apuestas ilegales, evasión fiscal, conspiración y de trece cargos por asesinato. Entre las presuntas víctimas estaba Paul Castellano y Thomas Bilotti, el chofer de Castellano.

El caso en contra de Gotti era invencible. El FBI no sólo tenía a Gotti grabado, también tenían a varios testigos. Philip Leonetti, ex jefe de la familia criminal de Filadelfia, testificó que Gotti fanfarroneó que había ordenado el crimen de Castellano. Armados con las grabaciones, los fiscales federales persuadieron a "Sammy El Toro" Gravano, quien se encontraba con Gotti cuando Castellano fue asesinado, para que testificara en contra de su jefe con la promesa de una sentencia reducida y su protección bajo el Programa de Protección a Testigos. El juicio se convirtió en un verdadero circo de los medios de comunicación, incluso con

John Gotti, el famoso jefe de la mafia, llega a un tribunal de Nueva York acusado de agresión y conspiración en 1990.

el actor Mickey Rourke y otras celebridades dándose empellones para conseguir asiento.

El 2 de abril de 1992, Gotti fue declarado culpable de todos los cargos y sentenciado a 100 años de prisión. Fue enviado a la Penitenciaría de Marion, Illinois, donde se le mantuvo en una celda subterránea que medía unos 2.5 por 2 metros, donde tenía que pasar 23 horas al día únicamente con un radio y una pequeña televisión en blanco y negro como compañía. Sus alimentos eran introducidos a través de una abertura en la puerta y se le permitía bañarse en la regadera dos veces a la semana. La hora diaria que se le dejaba salir de su celda, la pasaba solo en un patio de ejercicios, rodeado por una pared de concreto. Prácticamente era mantenido en confinamiento solitario, pero al menos las autoridades federales estaban seguras de que no continuaba dirigiendo los negocios de la familia desde la prisión.

Gotti falleció de cáncer de garganta en la cárcel, el 10 de junio de 2002. La Diócesis de Brooklyn de la Iglesia Católica Romana se rehusó a celebrar una misa en su funeral. Para entonces, la familia Gambino era dirigida por su hijo, John Gotti Jr., quien se declaró culpable de chantaje, soborno, extorsión y amenazas de violencia en 1999. Después hubo más acusaciones. Sin embargo, afirmó que había renunciado a su vida de crimen, pero se negó a testificar en contra de otros.

Mientras los Gotti atraían la atención de los medios de comunicación, otras familias criminales de Nueva York po-

Marlon Brando en la película de Francis Coppola, *El Padrino:* Un ejemplo de cómo la mafia era percibida y cómo se ha popularizado en la cultura moderna.

dían continuar con sus negocios desde las sombras. Entre tanto, los medios le proporcionaban a la mafia un cambio de imagen. La película *El Padrino*, basada en el libro escrito en 1969 por Mario Puzo, volvió a la gente nostálgica por una época cuando los "hombres de honor" ponían por delante a su familia. El humor negro se agregó en la película *Buenos muchachos* y, en 1999, la mafia ingresó a la sala de los hogares con la serie de larga duración *Los Soprano*.

Pero la situación también cambiaba en Sicilia. Con Bernardo Provenzano en prisión, los mafiosos iniciaron una lucha por el poder para determinar quién sería el siguiente *capo di tutti i capi*, "el capo de todos los capos".

"No debemos cometer el error de pensar que el arresto de Bernardo Provenzano significará el principio del fin de la mafia", dijo el principal juez antimafia, Antonio Ingroia. "Existe una generación de cincuenta y tantos años dispuesta a continuar".

Ingroia nombró al menos a dos personas calificadas para ocupar el lugar de Provenzano: Salvatore Lo Piccolo y Matteo Messina Denaro. Lo Piccolo, de 63 años, un jefe de una banda criminal del distrito Resuttana de Palermo, mantenía una relación estrecha con Provenzano y era considerado como perteneciente a la "vieja escuela". Denaro tenía sólo 46 años. Desde Castelvetrano, una empobrecida ciudad del Oeste de Sicilia, era conocido como el "jefe playboy", por su pasión por los relojes de oro, los autos veloces y las mujeres hermosas. Al igual que Riina y Provenzano, ambos hombres se habían estado escondiendo desde tiempo atrás, Lo Piccolo desde 1983, Denaro desde 1993. Otros personajes clave en la lucha por el poder eran: Antonio Ciná, médico de Riina; el constructor Francesco Bonura; el pionero de las refinerías de heroína Gerlando Alberti y Nino Rotolo, un secuaz de Luciano Leggio y gánster convicto, que era mantenido bajo arresto domiciliario debido a su condición médica.

Cuando fue evidente que la "Pax Mafiosa", que se mantuvo desde que Provenzano ocupó la dirigencia en 1993, se estaba desbaratando, la policía efectuó una redada para capturar a 52 jefes, 45 *capimandamento* (jefes de distrito) y jefes provisionales, entre ellos Ciná, Bonura, Alberti y Rotolo, a pesar de que siete sospechosos evitaron su captura. El código que Provenzano había usado en sus *pizzini* se había descubierto, proporcionando la evidencia necesaria para los arrestos. Se encontraron pilas de estas notas para sus lugartenientes en la granja donde Provenzano fue capturado.

Se obtuvo más evidencia con un micrófono oculto en el departamento de Palermo que Francesco Bonura usaba como oficina, y mediante la vigilancia de un cobertizo junto a la piscina en la finca de Nino Rotolo, en los suburbios de la ciudad. La policía había grabado en video con una cámara escondida a un hombre supuestamente enfermo que saltó de un brinco la cerca entre la casa y la alberca. Al parecer, el médico de Rotolo le había proporcionado píldoras para aumentar su presión sanguínea lo suficiente como para salir de la cárcel.

En la cabaña, revestida de láminas metálicas, no había teléfonos o equipo electrónico, sólo una mesa, ocho sillas de plástico y aparatos contra micrófonos ocultos, que Rotolo pensó harían imposible que la policía pudiese escuchar. Pero estaba equivocado. Sin saber que sus sistemas de seguridad habían sido violados, con frecuencia Rotolo era anfitrión de reuniones con otros mafiosos en la cabaña, donde se colocaba un balón de futbol afuera de la puerta como señal a los centinelas de que la reunión confidencial había comenzado.

A partir de la evidencia reunida, resultó evidente a la policía que Rotolo, el número 25 en el código numerado de Provenzano, planeaba un golpe de estado, al lado de sus lugartenientes Ciná y Bonura. Incluso mientras Provenzano estaba escondido, Rotolo había asumido la autoridad de aprobar las sentencias de muerte para otros jefes de la mafia. Las transcripciones de las conversaciones en la cabaña lo muestran lanzando invectivas en contra de un jefe del clan en prisión, describiéndolo como un "pederasta" por una relación que éste había tenido con una joven menor de edad.

"Incluso si llega a salir de 100 años, uno de mis muchachos lo va a estar esperando", dijo Rotolo mientras era grabado.

Algo más crucial, fue que según parece Rotolo aprobó una sentencia de muerte para Lo Piccolo y su hijo, Sandro. En septiembre de 2005, se escuchó que Rotolo decía que buscaba barriles de ácido sulfúrico para deshacerse de sus cuerpos. Las dos familias se habían enfrentado por conseguir lo que había sobrado de la familia de Inzerillo, quien había sido exiliado en Estados Unidos desde la guerra de la mafia en la década de 1980, en la que ellos habían estado involucrados con los Gambinos. Ahora quería regresar a Sicilia. Lo Piccolo estaba a favor de su regreso. Rotolo en contra de ello.

"Si ellos comienzan a disparar, yo seré el primero en hacerlo y luego será tu turno", le dijo a Bonura.

La muerte de Lo Piccolo habría provocado en Sicilia otra guerra de la mafia. La rápida acción por parte de la policía y los fiscales la había prevenido. Sin embargo, esto también reveló que la influencia política de la mafia no había disminuido. El 11 de julio de 2006, Giovanni Mercadante, el delegado regional de Forza Italia, fue arrestado como sospechoso de tener nexos con la mafia. Era médico de un hospital y se creyó que había sido el doctor de Bernardo Provenzano, mientras éste se ocultaba, a cambio de favores electorales.

Mercadante fue encontrado culpable y sentenciado a diez años y ocho meses de prisión en 2009, pero fue puesto en libertad en febrero de 2011, por el Tribunal de Apelaciones de Palermo.

Según parece, todavía falta mucho para que la batalla se termine. También parece que la vida no les resulta muy difícil a los ex mafiosos. En la cárcel de Fortezza Medicea, cerca de Pisa, a los mafiosos convictos se les ha permitido abrir un restaurante, donde una clientela sometida a investigación por el Ministerio de Justicia es servida por varios asesinos. Y ha demostrado ser tan popular, que el Departamento de Prisiones de Italia piensa inaugurar otros restaurantes en otras cárceles. Los mafiosos, como otros italianos según parece, toman su comida con mucha seriedad.

John Gotti visita la tumba de su hijo en marzo de 1987.